2017년 3월 10일 초판 1쇄 펴냄
2017년 11월 30일 초판 2쇄 펴냄

기획 EBS MEDIA
지은이 윤혜정, 채라다, EBS 〈초등생활 매너백서〉 제작팀
구성 홍인영
펴낸이 김경화 | **펴낸곳** 문공사
편집 서영민, 이여주, 윤지윤
디자인 김성언 | **제작** 이유근, 임수아
마케팅 임민철, 곽창만, 최현욱, 윤면규, 손승환
e마케팅 양초희, 이경준, 한순옥, 유혜림, 이지해, 이종인, 정혜윤
주소 서울특별시 강남구 논현로 144
전화 02-6911-2754(대표), 02-6911-2744(편집부)
팩스 02-6911-2750 | **등록** 제2016-000030호(1972.11.30)
홈페이지 www.moongongsa.co.kr
이메일 editor@moongongsa.co.kr

ⓒ EBS, 윤혜정, 채라다 All rights reserved. 2017
ISBN 978-89-452-2093-6 74370
ISBN 978-89-452-2090-5 74370(세트)

※ 이 책은 저작권법에 따른 보호를 받는 저작물이므로 무단 전재와 복제를 금합니다.
※ 이 책에 담긴 내용은 EBS 미디어와 출판권 설정을 통해 EBS의 생방송 톡톡 보니하니 중 〈초등생활 매너백서〉를 기반으로 구성되었습니다.
※ 잘못된 책은 바꿔 드립니다.

문공사

작가의 말

'매너'란 무엇일까요? 생각해 본 적이 있나요?
　　모두가 다 같이 유쾌하고 편안하게 지내기 위한 약속, 그것이 매너입니다. 모두가 온 순서대로 줄을 서는데 나중에 온 사람이 새치기를 하면 어떤 생각이 들까요? 혹은 극장에서 누군가 큰 소리로 통화하거나 옆 사람과 떠들면 영화를 보던 다른 관객들은 기분이 어떨까요?
　　이처럼 매너를 지키지 않으면 주변의 사람들을 불쾌하거나 기분 상하게 만들 수 있습니다. 그래서 때로는 다툼이 일어날 수도 있지요. 그러므로 매너는 꼭 지켜야 할 규칙이라고도 할 수 있어요.
　　하지만 매너는 처음부터 누구나 잘 알 수 있는 것은 아닙니다. 엄마나 아빠에게, 선생님이나 친구에게 이런 상황에서는 이렇게 행동해야 한다고 배우고 익혀 나가야 하는 것이지요.
　　'세 살 버릇 여든까지 간다'는 속담처럼, 어려서부터 매너를 익힌 '매너 어린이'가 '매너 어른'이 됩니다. 그런 점에서 대한민국의 모든 초등학생에게 《초등생활 매너백서》를 권하고 싶습니다.

　이 책의 내용은 실제로 초등학생들이 생활 속에서 겪는 상황을 토대로 만들어졌습니다. 그래서 단지 책 속의 이야기가 아닌 초등학생이라면 누구나 고민해 봤을 법한 상황에 대한 생생한 매너 경험담이 담겨 있습니다. 더욱이 초등학생들이 자신의 경험을 이야기하고 토론을 통해서 상황에 가장 적절한 매너 비법을 제시하고 있기 때문에 적용하기 쉽고 익히기도 쉽지요.

　처음에는 매너가 꽝이었던 이 책의 주인공, 주은이도 친구들이 알려 주는 매너 비법을 통해 점차 예의 바르고 사랑스러운 소녀로 거듭납니다. 그래서 친구들은 물론 주위의 어른들과 선생님에게까지 인기 많은 매너 소녀가 되지요. 더구나 주은이는 상냥하고 배려심 많은 행동으로 짝사랑하던 원호의 마음을 드디어 사로잡는답니다.

　친구들과의 우정과 사랑을 더욱 돈독하게 만들어 주는 매너, 여러분도 궁금하지 않나요? 자, 그럼 주은이와 함께 최고의 매너 비법을 하나하나 배워 볼까요?

지금까지의 이야기

1

난생 처음으로
호감 가는 친구 원호에게
설렘을 느낀 주은이!

2

하지만 매너를 몰랐던
주은이와 매너 있는 아이에게
'심쿵'하는 원호가
친해지기는 쉽지 않았고······.

3

작전 타임 친구들의
매너 비법 코칭으로
둘은 조금씩 친해졌지만,

4

아직은 티격태격 다투는 날이 더 많은데…….

5

매너가 맺어 준 원호와 주은이의 특별한 우정 이야기는 계속됩니다!

등장인물

⭐ **강주은**

매너 꽝 주은이는 이제 안녕! 친구들의 매너 비법 덕분에 하루하루 매너 소녀로 거듭나는 주은이. 매너까지 갖춘 완벽 소녀 주은이는 원호와 특별한 친구 사이가 될 수 있을까?

⭐ **지원호**

학교에서 인기 최고인 매너 소년 원호! 요즘 바라만 봐도 설레는 친구가 생겼다는데, 그 친구는 도대체 누구일까? 또 원호의 동생이 알고 있는 원호의 비밀은 과연 무엇일까?

줄거리 소개

주은이도, 친구들도, 심지어 원호까지!
누구나 매너 꽝이 되는 순간이 있다.

매너를 몰라 알쏭달쏭한 순간을
해결하려면 과연 어떻게 해야 할까?

지금 필요한 건 바로 친구들의 맞춤 가이드!

주은이의 매너 코칭은 우리에게 맡겨라!
실제 또래 친구들이 작전 타임 지원군으로 나선다!

학급 반장을 뽑을 때, 친구를 위로하고 싶을 때,
비밀 친구가 생겼을 때를 위한
초등학생 일상 속 생생한 매너 비법!

주은이와 친구들은 매너 코칭을 통해
매너 꽝에서 탈출할 수 있을까?

차례

매너 비법 ❶	온라인 예의 지키기	16
매너 비법 ❷	교실에서 예의 지키기	28
매너 비법 ❸	친구끼리 예의 지키기	40
매너 비법 ❹	비밀 지키기	52
매너 비법 ❺	극장에서 예의 지키기	64
매너 비법 ❻	식사할 때 예의 지키기	76
매너 비법 ❼	위로하기	88
매너 비법 ❽	거절하기	100
매너 비법 ❾	오해 풀기	112
매너 비법 ❿	학교에서 커플 매너 지키기	124

매너 비법 ⑪	형제끼리 예의 지키기	136
매너 비법 ⑫	선거에서 예의 지키기	148
매너 비법 ⑬	매너백서, 마지막 이야기	160

주은이의 생생 매너 교실 · 168
매너백서 제작 일기 · 170

매너 비법 ❶
온라인 예의 지키기

여러 가지 사진을 합성하며 노는 주은이.
하지만 주은이의 어떤 행동이
또 원호의 기분을 상하게 하는데…….
주은이는 어떻게 하면 온라인에서
매너 있게 행동할 수 있을까?

전반전 이야기

"와, 진짜 잘한다!"

"대박이다. 어떻게 하는 거니?"

방과 후 컴퓨터실, 친구들이 주은이를 둘러싸고 감탄을 연발했다. 주은이는 컴퓨터로 사진을 합성하고 있었다. 주은이가 마우스와 키보드를 두드리자, 서로를 마주 보며 다정하게 차를 마시는 드라마 속 연인들의 모습이 어느새 주은이와 원호의 얼굴로 바뀌어 있었다.

"와, 잘 어울린다!"

인율이가 화면을 보면서 연신 칭찬했다. 주은이는 친구들의 칭찬에 어깨가 으쓱했다. 어른스럽고 다정해 보이는 원호와 자신의 모습도 매우 마음에 들었다.

주은, 원호 합성 사진

　모니터 속 사진처럼 원호랑 둘이서 사이좋게 지내면 얼마나 좋을까? 주은이는 모니터를 보며 달콤한 꿈의 나래를 펼치기 시작했다.
　"너희들 뭐해?"
　느닷없는 원호의 목소리에 주은이는 깜짝 놀라 단꿈에서 깨어났다.
　'사진을 보면 원호는 뭐라고 할까?'
　속으로 두근두근하는데 원호는 모니터를 보더니 귀를 빨갛게 붉히며 소리를 꽥 질렀다.
　"야, 뭐야! 얼른 지워."
　"알……았어. 지울게."
　주은이는 원호의 반응에 시무룩하게 대답했다. 주은이가 실망한 줄도 모르고 원호는 부끄러워서 급히 다른 이야기를 꺼냈다.
　"얘들아, 피구하러 갈래?"

"그래, 좋아."

원호의 제안에 친구들이 하나둘 일어났다.

"주은아, 안 가?"

"응? 먼저 가. 금방 갈게."

친구들이 모두 나가고 혼자 남은 주은이는 합성 사진을 안타깝게 쳐다보았다.

'어쩌지? 정말 지워야 하나? 아냐. 나만 가지고 있자.'

한참 고민하던 주은이는 결국 사진을 휴대 전화에 저장했다. 컴퓨터실을 나와서도 사진을 보면 볼수록 잘 합성했다는 생각이 들었다. 혼자만 보기가 아까워진 주은이는 사촌 오빠에게 사진을 전송했다.

- 오빠~ 이거 봐봐. 내가 합성한 거야.
- 대박! 주은이, 너 솜씨 좋구나! 잘 어울린다. 귀여워~

문자에 바로 답장이 왔다. 주은이는 신이 났다. 그래서 이모와 삼촌에게도 사진과 함께 문자를 보냈다. 모두들 '귀엽다'고 말해 줘서 뿌듯했다.

'히힛! 이 사진처럼 정말 원호랑 좋아하는 사이가 되면 좋겠어!'

어쩜! 이렇게 잘 어울릴까?

한편, 주은이의 사촌 오빠는 주은이가 보내온 사진을 보며 귀여워서 한참 웃었다.
'이렇게 귀여우니 SNS에 올리면 인기 좀 끌겠지?'
사촌 오빠는 받은 사진을 인터넷에 올렸다.

다음 날 방과 후, 컴퓨터실에서 장현이가 원호를 소란스럽게 불렀다.
"대박! 지원호 너, 완전 스타 됐는데? 이거 봐봐."
원호가 보니 실시간 급상승 검색어에 '귀여운 합성 사진', '지원호', '강주은'이 줄줄이 올라와 있었다. 검색어를 클릭해 들어가자 어제 주은이가 합성했던 둘의 사진이 화면 가득 떴다.
"아, 뭐야? 진짜!"
원호는 기가 막혔다. 분명 어제 주은이한테 사진 지우라고 했는데! 원호는 화가 나서 주은이를 찾아 나섰다.
"이거 네가 그랬지?"
원호는 휴대 전화로 인터넷을 열어 둘의 합성 사진을 보여 주었다. 그걸 본 주은이의 얼굴이 새하얗게 질렸다. 도대체 이게…… 어떻게 된 일이지?

초등생활 매너백서 — 네 마음을 말해 줘 속마음 인터뷰

제가 예쁘게 나와서 도저히 사진을 지울 수가 없었어요. 그래서 이모, 사촌 오빠, 삼촌, 단짝 딱 4명에게만 보냈다고요.

주은이의 인터뷰

주은이가 저한테 허락도 없이 사진을 퍼트려서 제가 얼마나 창피했는데요. 게다가 실시간 검색 순위 1위까지 올라가서 더 부끄러웠어요.

원효의 인터뷰

작전 타임! 우리들의 이야기

원호와 주은이를 합성한 사진이 마음에 들어 다른 사람에게 퍼뜨린 주은이에게 화가 난 원호! 이럴 땐 어떻게 해야 할까? 서울 대곡초등학교 4학년 친구들이 주은이의 '고민 해결'을 위해 직접 나섰다!

서울 대곡초등학교 4학년 친구들

김가희
임준모
이현종
신민아

가희의 매너 비법 : 사과
허락을 받지 않고 사진을 퍼뜨린 거니까 먼저 원호에게 사과한다.

민아의 매너 비법 : 허락
꼭 사진을 SNS에 올리고 싶다면, 친구의 허락을 받고 올린다.

준모의 매너 비법 : 관리자 연락
SNS 관리자에게 연락해서 사진을 지워 달라고 부탁한다.

현종이의 매너 비법 : 지운다
사진이 더 멀리 퍼지지 않도록 얼른 지운다.

네 생각은 어때? 주은이에게 조언해 봐!

후반전 이야기

주은이는 컴퓨터실에서 시무룩하게 앉아 있었다. 원호가 잔뜩 화를 내서 기가 바짝 죽어 있었다. 하지만 일단 사진을 내리는 게 급했다. 주은이는 사촌 오빠에게 전화를 걸었다.

"응, 주은아."

"오빠, 혹시 내가 보내 준 합성 사진 있잖아. 그거 SNS에 올렸어?"

"응, 너희 둘이 귀여워서 올렸지. 다들 귀엽다고 난리더라."

"근데…… 나는 괜찮은데 내 친구가 속상해하더라고. 사진을 지워 줄 수 있을까?"

"아, 그래? 알았어. 바로 지울게."

"응, 고마워. 오빠."

사촌 오빠가 흔쾌히 사진을 지운다고 해서 다행이었다. 주은이는 기쁜 소식을 전하러 원호를 찾아갔지만, 원호는 여전히 화난 표정이었다.

"원호야, 많이 화났어?"

주은이는 원호 옆에 앉으며 조심스럽게 물었다.

"네가 허락도 없이 내 사진을 합성한 데다, 인터넷에까지 올라가 있으니까 솔직히 기분이 안 좋아."

"미안해. 방금 사촌 오빠한테 전화해서 사진 지워 달라고 했어."

"지워졌어?"

"이제 지워 준대. 그러니까 금방 없어질 거야."

그 말에 원호의 얼굴이 조금 풀어졌다.

"원호야, 내가 잘못했어. 다음부터는 안 그럴 테니까 화 풀어. 응?"

"알았어. 대신 다음부턴 정말 안 그러는 거야?"

"응. 근데 나는 합성 사진 좋아하는데 귀여운 사진은 만들어도 돼? 널 이상하게 합성하는 건 안 할게."

"음, 그건 좋아."

곰곰이 생각하던 원호는 고개를 끄덕거렸다.

"그럼, 우리 지금 사진 만들러 갈래?"

둘은 컴퓨터실로 갔다. 사이좋게 모니터 앞에 앉아 귀여운 강아지와 고양이의 몸 위에 원호와 주은이의 얼굴을 얹었다. 강아지와 고양이가 된 것 같은 모습이 귀엽고 웃겼다.

재미난 합성 사진을 보며, 주은이와 원호는 언제 싸웠냐는 듯 깔깔거리며 함께 웃었다.

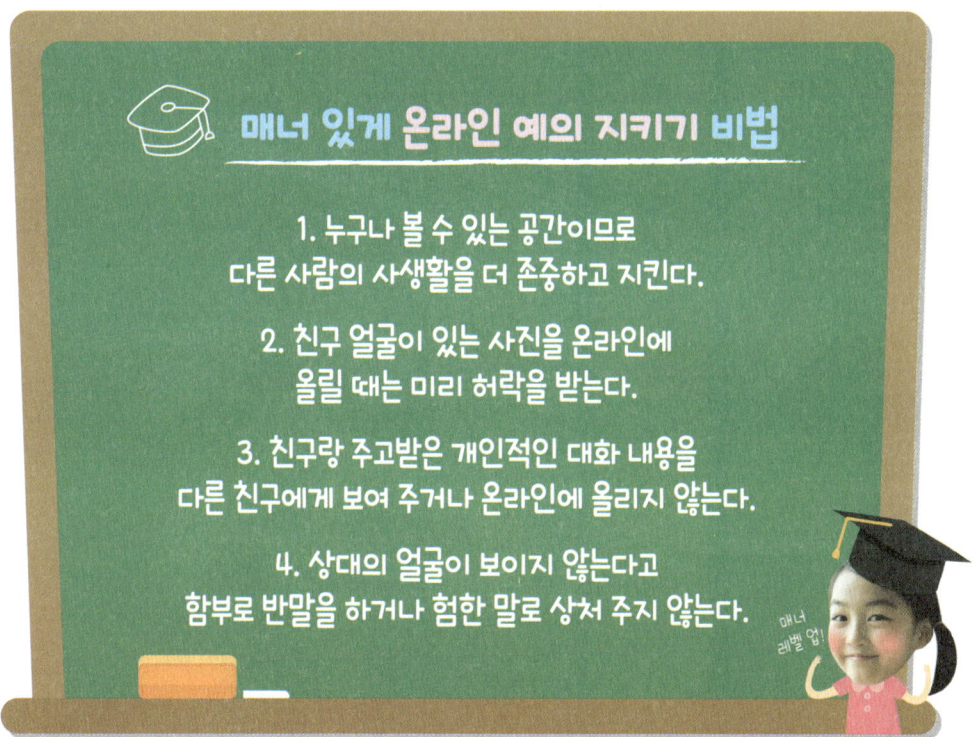

매너 있게 온라인 예의 지키기 비법

1. 누구나 볼 수 있는 공간이므로 다른 사람의 사생활을 더 존중하고 지킨다.
2. 친구 얼굴이 있는 사진을 온라인에 올릴 때는 미리 허락을 받는다.
3. 친구랑 주고받은 개인적인 대화 내용을 다른 친구에게 보여 주거나 온라인에 올리지 않는다.
4. 상대의 얼굴이 보이지 않는다고 함부로 반말을 하거나 험한 말로 상처 주지 않는다.

매너 비법 ❷
교실에서 예의 지키기

교실에서 원호가 오기를 기다리던 주은이,
원호가 교실 문을 열자 기쁜 마음에 달려가는데…….
친구들과 함께 사용하는 교실에서 주은이는
어떻게 하면 매너 있게 행동할 수 있을까?

전반전 이야기

상쾌한 아침이었다. 학교에 가면 원호를 만날 수 있다는 생각에 주은이의 발걸음이 절로 가벼워졌다.

'원호는 와 있으려나?'

설레는 마음으로 교실 문을 연 주은이는 교실 안을 휘휘 둘러보았다. 주변까지 열심히 탐색했지만 아쉽게도 아직 원호의 모습은 보이지 않았다.

"원호는 언제 올까?"

자리에 앉아 목을 빼고 복도를 바라보면서 주은이가 중얼거렸다. 시계를 보니 8시 30분이었다.

'이제 올 때가 되었는데…….'

그때, 마침 교실 뒷문이 드르륵 열렸다.

'혹시 원호?'

눈을 반짝이며 반갑게 뒤를 돌아보았지만 친구 효진이가 책가방을 메고 들어오고 있었다. 효진이는 주은이와 눈이 마주치자 살포시 웃으며 인사를 건네 왔다.

"안녕."

"안녕."

주은이는 맥 빠진 얼굴로 심드렁하게 대답했다.
"어제 그 프로그램 진짜 재미있지 않았어? 나 완전……."
복도에서 들려오는 남자애들의 목소리에 주은이의 귀가 쫑긋거렸다. 그러나 잠시 후 교실로 들어오는 아이들 중에 원호는 없었다.
'어휴, 원호는 왜 안 오지?'
또 실망해서 한숨을 훅 내쉬는데 갑자기 인율이가 뒷문을 열고는 소리쳤다.
"얘들아, 원호 온다!"
주은이는 벌떡 일어났다. 제일 먼저 원호와 인사하고 싶었다. 그런데 교실 뒤쪽에서는 아이들이 바닥에 둥글게 둘러앉아 공기놀이를 하고 있었다. 지나갈 공간이 마땅치 않자, 주은이는 급한 마음에 책상을 밀고 의자를 밟고 올라갔다.

그 기세에 책들이 바닥으로 우수수 떨어지며 우당탕 소리가 났지만, 주은이는 신경도 쓰지 않고 의자와 의자를 건너뛰어 뒷문으로 달렸다.

드르륵, 문을 열고 들어오던 원호는 멈칫했다. 그러고는 입을 떡하니 벌린 채로 그 자리에 얼어붙었다. 주은이가 무서운 기세로 의자 위를 붕붕 날아서 달려오고 있었기 때문이었다.

아이들도 모두 요란한 소리에 깜짝 놀라 눈을 휘둥그런 채 주은이를 바라보았다. 주은이는 마지막 의자에서 펄쩍 뛰어내리다가 발을 삐끗하며 대차게 넘어졌다.

"야, 강주은 뭐야!"

친구들이 이구동성으로 주은이를 향해 소리쳤다.

'아, 아파라!'

깨진 무릎을 쓰다듬으며 주은이가 눈물을 찔끔했다.

"주은이, 너 도대체 왜 그래?"

놀라서 입을 딱 벌리고 있던 원호가 이해할 수 없다는 듯 고개를 절레절레 저었다.

주은이는 속이 상했다. 반가워서 조금이라도 빨리 만나려고 그런 건데 도대체 왜 그러냐니? 제 마음을 몰라도 너무 몰라주는 원호가 원망스러웠다.

'칫, 넘어졌는데 괜찮으냐고 물어봐 주지도 않고.'

인사도 없이 자리로 가 버린 원호를 바라보며 주은이가 입술을 삐죽 내밀었다.

초등생활 매너백서 - 네 마음을 말해 줘 속마음 인터뷰

원호의 인터뷰

학교 물건은 다 같이 사용하는 건데 책상을 밀고, 막 밟고……. 학교 물건을 함부로 대하는 주은이에게 정말 실망했어요.

주은이의 인터뷰

제가 원호를 얼마나 기다렸다고요. 앞에 책상과 의자가 있어서 조금 밟았을 뿐인데 다들 저한테 뭐라고 하니 기분 나빴어요.

작전 타임! 우리들의 이야기

학교 물건을 함부로 대한 주은이와 그 때문에 실망한 원호! 이럴 땐 어떻게 해야 할까? 서울 성내초등학교 4학년 친구들이 주은이의 '고민 해결'을 위해 직접 나섰다!

서울 성내초등학교 4학년 친구들

근우의 매너 비법 : 친구에게 부탁
친구에게 비켜 달라고 부탁해서 지나간다.

민주의 매너 비법 : 원호 자리로
어차피 원호는 자기 자리로 갈 테니 원호 자리에서 기다린다.

예서의 매너 비법 : 미안해
친구들에게 미안하다고 사과하고, 떨어뜨린 물건을 정리한다.

해찬이의 매너 비법 : 천천히
약간 늦게 가도 만날 수 있으니 천천히 원호에게 다가간다.

친구들의 매너 비법 중 내가 고른 건 바로 **"천천히!"**

네 생각은 어때? 주은이에게 조언해 봐!

후반전 이야기

다음 날 아침, 주은이는 평소보다 차분하게 움직이겠다는 결심을 하며 등교했다. 어제는 마음이 조급해서 의자에 올라가 버렸지만, 오늘은 다른 모습을 보여 주고 싶었다.

"안녕!"

친구들에게 인사하며 교실에 들어선 주은이는 자리로 가 책과 노트를 펼쳤다. 원호가 오기 전에 차분하게 책을 보며 기다릴 생각이었다. 천천히 움직이자고 마음을 먹으면 행동도 더 여유로워질 테고, 그러면 어제 같은 실수는 하지 않을 테니까.

'근데 원호는 왜 안 오지?'

눈은 책을 보고 있지만 머릿속은 온통 원호 생각뿐이었다. 원호가 오면 어서 지금 읽고 있는 책에 대해서 이야기하고 싶었다. 들려오는 발소리마다 주은이의 귀가 쫑긋댔다. 하지만 원호의 모습은 보이지 않았다.

"어휴!"

원호를 기다리는 시간은 곰이 동굴 속에서 쑥과 마늘만 먹고 지내는 백 일만큼이나 길고 지루하게 느껴졌다. 다시 자리로 돌아온 주은이는 친구들 틈에 섞여 그림을 그리며 놀았다.

빛나라의 그림을 따라 그리면서 같이 얘기하다 보니 어느새 주은이의 마음이 느긋해졌다. 그때 드르륵, 뒷문이 열렸다. 주은이는 얼른 고개를 돌렸다.
　'원호다!'
　주은이의 입가에 반가운 미소가 환하게 걸렸다. 벌떡 일어난 주은이는 원호에게로 달려가려다가 천천히 행동하겠다는 결심을 떠올렸다. 그러고는 얌전하게 원호에게 다가갔다.
　"안녕!"
　"안녕!"
　원호가 어제와는 달리 밝게 주은이의 인사를 받았다.

원호는 주은이가 오늘은 의자도 밟지 않고 친구들에게 놀림도 안 당해서 기분이 좋았다. 좋아하는 친구가 다른 친구들한테서 싫은 소리를 들으면 원호의 기분도 썩 좋지 않았다.

"원호야, 이 책 읽어 봤어? 이거 재미있다! 근데 어제 네가 빌려준 거랑 내용이 비슷해."

"그래? 그럼 같이 읽어 볼까?"

원호와 주은이는 사이좋게 자리로 가서 책을 읽기 시작했다.

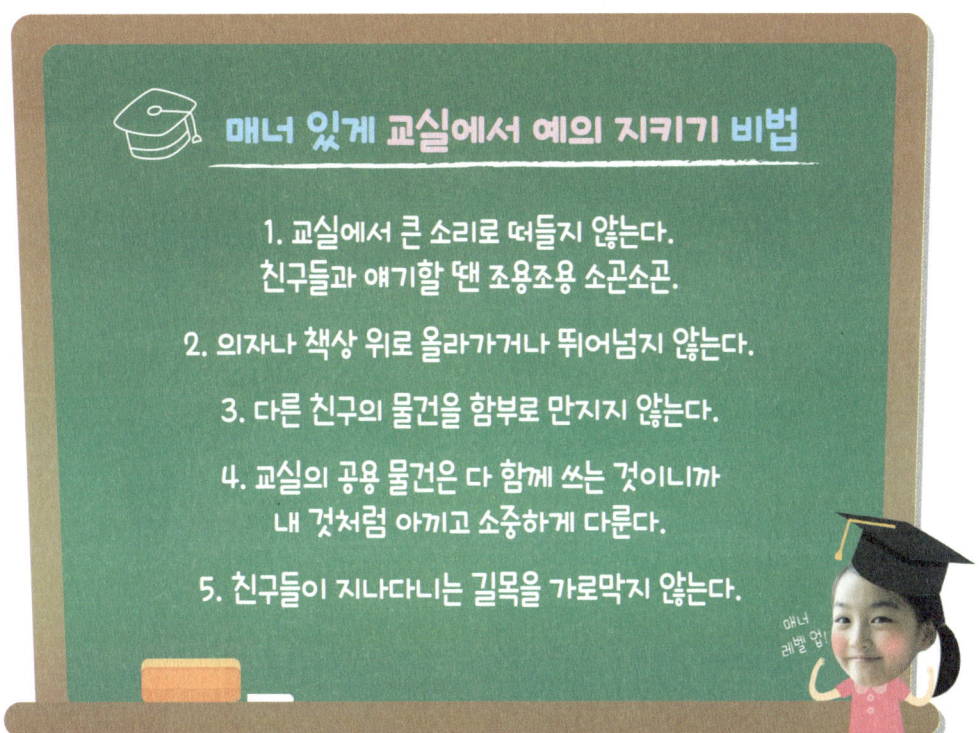

매너 비법 ③
친구끼리 예의 지키기

하굣길, 주은이는 공원에 모여 있는 친구들을 발견하는데……. 친구 사이에는 어떤 예의를 지켜야 할까?

전반전 이야기

"원호가 나를 좋아한다. 안 좋아한다. 좋아한다. 안 좋아한다……."

주은이는 나뭇잎을 하나씩 뜯으면서 '나뭇잎 사랑 점'을 치고 있었다. 잎이 하나둘 줄어 갈 때마다 주은이의 얼굴도 더더욱 진지해졌다.

"안 좋아한다."

줄기에 마지막 남은 한 잎을 뜯어내며 주은이가 중얼거렸다. 절로 한숨이 훅 나왔다. 주은이는 고개를 저었다.

"아냐! 그럴 리 없어. 다시 한 번 해 보자."

주은이는 다른 나무줄기를 꺾어 다시 '사랑 점'을 쳤다.

"좋아한다. 안 좋아한다. 좋아한다. 안 좋아한다. …… 좋아한다!"

마지막 나뭇잎이 '좋아한다'로 끝나자 주은이의 입가에 환한 웃음이 맺혔다.

"야호!"

좋아서 방방 뛴 주은이는 신이 나 집으로 향했다. 도중에 놀이터를 지나가다 친구들이 둘러앉아 있는 게 보였다. 주은이는 인사하러 반갑게 뛰어갔다.

"야, 주은이 진짜 별로지 않아?"

"맞아, 별로야. 만날 선생님한테 잘 보이려고 계속 질문하고, 애들이 매너 없는 행동하면 막 지적하고. 잘난 척에, 똑똑한 척까지!"

"그래. 정말 짜증 나."

"앞으로 우리, 주은이 끼워 주지 말자."

인율이와 장현이, 효진이가 서로 맞장구를 쳐 가며 주은이 흉을 보고 있었다. 주은이는 친구들 얘기를 듣고 슬그머니 미끄럼틀 사이로 숨어들었다. 그 와중에도 친구들의 흉은 계속 이어졌다.

가만 듣고 있으려니 주은이는 속이 상해서 눈물이 그렁그렁해졌다. 친구들이 속으론 이런 생각을 하고 있었다니! 믿을 수가 없었다.

"야! 너희들 그만두지 못해? 뒤에서 친구 흉보는 건 비겁한 짓이야. 주은이가 알면 기분이 어떻겠어?"

미끄럼틀 밑에서 숨죽여 훌쩍이고 있는데 갑자기 원호의 목소리가 커다랗게 들려왔다. 울먹거리던 주은이는 귀를 쫑긋하고 살며시 고개를 내밀었다. 원호가 화난 얼굴로 아이들을 노려보고 있었다.

'원호야!'

주은이는 속이 상한 가운데도 가슴이 두근거릴 만큼 기뻤다. 원호가 내 편을 들어주다니! 원호에게 또 한 번 반할 것 같았다.

"네가 뭔데 그래?"

인율이가 기분 나쁜 표정을 지으며 따졌다.

"그러게. 주은이 좋아하나 봐?"

맞장구치면서 장현이가 비꼬았다. 원호는 입술을 잘근 물었다. 아이들이 놀릴 게 뻔하지만 주은이가 욕먹는 걸 도저히 가만 지켜볼 수만은 없었다. 그래서 원호는 당당하게 소리쳤다.

"그래, 나 주은이 좋아해! 그러니까 앞으로 주은이 흉보지 마."
"오오!"
세 친구들은 놀라서 눈을 동그랗게 떴다. 둘이 사귀느냐고 놀려 줄까 싶은데, 원호의 표정이 워낙 매서워서 아이들은 슬쩍 기가 죽었다.
"한 번만 더 그러면 진짜 가만 안 둔다."
원호가 차갑게 덧붙이자 장현이는 친구들의 옆구리를 쿡쿡 찔렀다.
"애들아, 가자."
"그래."
셋은 슬그머니 일어나 원호를 남겨두고 놀이터를 떠났다.
'고마워, 원호야.'
주은이는 악당을 물리쳐 준 왕자님을 보듯 하트가 뽕뽕 날리는 눈길로 원호를 바라보았다. 밝은 햇살 아래의 원호는 동화 속 그 어떤 왕자님보다도 더 멋졌다.

초등생활 매너백서 — 네 마음을 말해 줘
속마음 인터뷰

원호의 인터뷰

뒤에서 친구를 안 좋게 이야기하는 건 나쁜 거잖아요!

주은이의 인터뷰

친구들이 저에 대해 나쁘게 이야기하고 있어서 너무 속상했어요.

인율이의 인터뷰

친구에 대한 제 기분을 말할 수도 있잖아요. 직접 이야기하는 것보다는 낫다고 생각해요.

작전 타임! 우리들의 이야기

뒤에서 주은이의 흉을 본 친구들 때문에 속상한 주은이와 이를 보고 화가 난 원호! 이럴 땐 어떻게 해야 할까? 서울 성내초등학교 4학년 친구들이 아이들의 '고민 해결'을 위해 직접 나섰다!

서울 성내초등학교 4학년 친구들

근우의 매너 비법 : 장점
마인드맵을 그려서 친구의 장점을 찾아본다.

민주의 매너 비법 : 부모님
친구보다 더 비밀을 잘 지켜 주실 부모님에게 친구 이야기를 한다.

예서의 매너 비법 : 건성
친구의 험담을 건성으로 흘려듣는다.

해찬이의 매너 비법 : 편지
뒤에서 험담하는 대신 불만 있는 친구에게 편지를 쓴다.

네 생각은 어때? 인율이에게 조언해 봐!

후반전 이야기

바람이 솔솔 부는 공원의 벤치에 효진이, 장현이, 인율이 세 친구가 둘러 모여 앉아 있었다.

"근데 주은이 너무 똑똑한 척하지 않아?"

"그러니까 내 말이! 자기도 옛날에는 매너 안 지켰으면서 우리한테 와서 지적하더라. 완전 잘난 척 여왕 아냐?"

효진이가 다시 주은이 얘기를 꺼내자 장현이가 맞장구를 쳤다. 인율이는 안절부절못했다. 얼마 전, 원호가 주은이 험담을 하지 말라고 했을 때 벌컥 화는 냈지만 마음이 편하지 않았다. 주은이랑 딱지치기 놀이도 하고 피구도 하면서 즐겁게 논 기억도 많았기 때문이었다.

"우리를 위해서 그런 말을 한 건 아닐까?"

인율이가 은근히 주은이 편을 들었다.

"그치만 전에 주은이도 매너 없는 행동을 많이 했잖아?"

"맞아. 그래도 우리는 그때 주은이한테 아무 말도 안 했어."

효진이가 반박하자 장현이도 지지 않고 한마디 거들었다.

"매너 없는 행동은 다른 사람들한테 피해가 가니까 하지 말라고 말해 주는 거겠지."

"그건 그렇다 쳐. 근데 왜 우리한테만 잘난 척을 해? 원호한테는 안 그러잖아."

"그건…… 원호랑 친해서 그렇겠지. 주은이는 우리 셋이랑 그렇게 친한 건 아니니까."

"같은 반인데 다 같이 친해야지. 한 친구한테만 그러면 안 되지."

장현이가 입술을 비쭉이며 대꾸했다. 인율이는 속이 탔다. 이대로 또 주은이의 흉만 보다 끝날까 봐 걱정이 되었다. 이럴 때는 어떻게 해야 친구들 사이에서 매너를 지킬 수 있을까?

"그래도 장점도 많잖아. 주은이의 장점 하나씩만 얘기해 보자."

"하긴 주은이 성격, 많이 바뀐 거 같아. 예전엔 놀기만 했는데 요즘

장현이가 생각하는 주은이의 장점
1. 성격이 많이 바뀌었다.
2. 예전에는 질문도 안 하고 놀기만 했는데 요즘 열심히 공부한다.

효진이가 생각하는 주은이의 장점
1. 숙제를 꼬박꼬박 잘해 온다.
2. 예전보다 많이 떠들지 않고 공부에 집중한다.

들어 공부도 열심히 하고."

"그건 그래. 옛날엔 잘 떠들었는데 수업 시간에 집중 잘하더라."

친구들 입에서 하나둘 주은이의 장점이 흘러나왔다. 주은이에 대해 이런저런 좋은 점들을 말하기 시작하니까 점점 주은이가 썩 괜찮은 아이라는 생각이 들었다.

"전에 주은이 흉본 게 좀 미안하네."

"그러게. 주은이도 꽤 괜찮은 아이인데 말이야."

장현이와 효진이가 머리를 긁적거리며 말했다. 인율이는 속으로 '야호!'를 외쳤다. '친구의 장점 말하기' 작전은 대성공이었다!

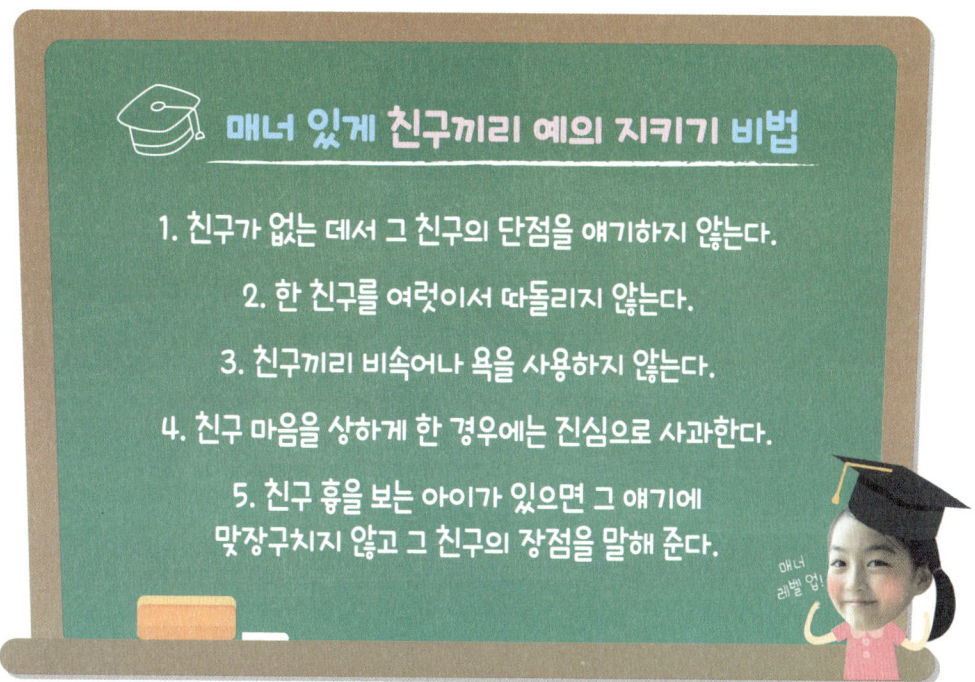

매너 있게 친구끼리 예의 지키기 비법

1. 친구가 없는 데서 그 친구의 단점을 얘기하지 않는다.
2. 한 친구를 여럿이서 따돌리지 않는다.
3. 친구끼리 비속어나 욕을 사용하지 않는다.
4. 친구 마음을 상하게 한 경우에는 진심으로 사과한다.
5. 친구 흉을 보는 아이가 있으면 그 얘기에 맞장구치지 않고 그 친구의 장점을 말해 준다.

매너 레벨 업

매너 비법 ④
비밀 지키기

비밀 친구가 된 주은이와 원호,
둘만의 비밀을 꼭 지키기로
굳게 약속을 했는데…….
주은이는 원호와의 비밀을
잘 지킬 수 있을까?

전반전 이야기

신나는 주말 오후, 주은이와 원호는 공원에서 즐겁게 얘기를 나누는 중이었다. 원호는 주머니에서 노란 장미꽃처럼 생긴 예쁜 머리핀을 꺼내 주은이에게 내밀었다.

"주은아, 우리 더 친하게 지내자."

"와, 고마워! 그래, 더 친하게 지내자."

주은이는 뜻밖의 선물에 방싯거리며 좋아했다.

"이 핀 장미꽃 닮지 않았어? 머리에 꽂으면 진짜 예쁘겠다."

주은이가 머리핀을 머리 쪽으로 가져가 대어 보았다. 그러면서 '예뻐?' 하고 눈짓으로 물었다. 원호는 흐뭇하게 웃으며 고개를 끄덕거렸다.

"근데 이거 비밀이야."

새끼손가락을 내밀며 원호가 말했다. 주은이는 마주 새끼손가락을 걸었다.

"알았어, 걱정 마. 아무한테도 말하지 않을 테니까!"

며칠 후, 주은이와 빛나라는 공원에서 함께 그네를 타고 있었다. 빛나라는 주은이의 머리에 꽂힌 노란 장미꽃 핀이 무척 예뻐 보였다. 처음 보는 거라 어디서 났는지 궁금했다.

"주은아, 그 핀 새로 샀어? 예쁘다!"

"응. 예쁘지? 이거……."

빛나라의 말에 주은이는 머리핀을 자랑하려다 멈칫했다. 머릿속에 원호가 '비밀이야!' 하고 말했던 게 떠올랐다.

"아, 아무것도 아니야."

주은이가 당황해하며 얼버무리자 빛나라는 섭섭했다. 제일 친한 단짝인 주은이가 뭔가 숨기는 것이 분명했으니까.

"야, 우리 사이에 비밀이 어딨어? 나한테는 다 말해 줘야 하는 거 아니니?"

"그게…… 말하지 않기로 해서…….'"

주은이는 곤란한 표정으로 말했다.

"난 너한테 비밀 없단 말이야."

빛나라가 토라져서 입술을 비쭉이자 주은이는 한숨을 훅 내쉬었다.

"그래. 대신 아무한테도 말하면 안 돼."

"알았어."

주은이는 빛나라에게 다가가서 귓속말로 소곤소곤 얘기했다.

"와, 진짜?"

비밀 얘기를 다 들은 빛나라는 눈을 동그랗게 떴다. 원호랑 주은이가 비밀 친구라니! 너무 부러웠다.

"절대 비밀이야!"

주은이는 다시 한 번 다짐했다.

"응, 알았어. 비밀 꼭 지킬게. 약속!"

둘은 사이좋게 약속 도장을 찍었다.

"근데 언제부터야? 난 정말 몰랐어. 좋겠다!"

빛나라가 부러운 눈으로 연신 쳐다보자 주은이는 가슴이 뿌듯했다. 뻐기듯이 어깨가 절로 으쓱거려졌다.

"그럼, 그 머리핀도 원호가 준 거야?"

"응."

"진짜 예쁘다! 나도 비밀 친구가 있으면 좋겠어."

한참 신이 나서 수다를 떨고 있는데 두 사람 사이로 길게 그림자가 졌다. 둘은 그림자를 따라 눈길을 올렸다. 그림자 끝에 원호가 잔뜩 화가 난 표정으로 둘을 째려보고 있었다.

헉! 맙소사. 대체 언제부터 있었던 거지? 설마…… 다 들은 거야?

초등생활 매너백서 — 네 마음을 말해 줘
속마음 인터뷰

비밀로 하기로 약속까지 했는데 그걸 다른 친구한테 이야기하는 걸 보고 너무 실망스러웠어요.

원호의 인터뷰

빛나라는 제 단짝 친구인걸요. 딱 한 명한테만 얘기했는데 그걸로 화내니까 저도 속상했어요.

주은이의 인터뷰

작전 타임! 우리들의 이야기

비밀을 꼭 지키기를 바라는 원호와 단짝 사이에 비밀이 없기를 바라는 빛나라! 이럴 땐 어떻게 해야 할까? 서울 성내초등학교 4학년 친구들이 주은이의 '고민 해결'을 위해 직접 나섰다!

서울 성내초등학교 4학년 친구들

근우의 매너 비법 : 선물

다른 친구가 비밀을 궁금해해도 알려 주지 말고 대신 선물을 한다.

민주의 매너 비법 : 피한다

비밀에 대해 알려 달라는 친구를 최대한 피한다.

예서의 매너 비법 : 미안

비밀이라 말할 수 없다고 한 뒤 친구에게 미안하다고 사과한다.

해찬이의 매너 비법 : 진실을 말하되 정확하게 말하지 말라

친구에게 사실을 알려 주되 정확하게 모두 얘기하는 것은 피한다.

친구들의 매너 비법 중 내가 고른 건 바로
"진실을 말하되, 정확하게 말하지 말라"

네 생각은 어때? 주은이에게 조언해 봐!

후반전 이야기

어떡해! 빛나라와 주은이는 화난 원호를 보고 얼음이 되었다. 그 순간, 영화 필름이 되감기듯 시간이 거꾸로 흐르기 시작했다. 이내, 시간은 주은이가 비밀 얘기를 하기 전으로 돌아갔다.

빛나라가 그네를 타며 주은이의 머리에 꽂힌 노란 장미꽃 핀을 힐긋 바라보았다.

"주은아, 그 핀 새로 샀어? 예쁘다!"
"응. 아는 친구가 줬어."
"친구? 누구?"
"아, 그냥 반 친구."
"반 친구 누군데?"
"아……."

주은이는 곤란해서 머뭇거렸다. 원호가 비밀이라고 했기 때문에 빛나라한테 말을 할 수 없었다. 그렇다고 거짓말을 하고 싶지는 않고. 주은이가 난처한 표정으로 가만있자 빛나라는 더 궁금해졌다. 누가 주은이한테 이렇게 예쁜 머리핀을 선물했을까?

"여자야? 남자야?"

"남자인데, 그냥 친해서 줬어."

"그래? 근데…… 너 좋아하는 친구 있어?"

남자애가 머리핀을 줬다는 말에 빛나라가 예리하게 물었다.

"좋아하는 친구는 없는데 많이 친해지고 싶은 친구는 있어."

주은이가 두루뭉술하게 대답했다. 그러자 빛나라가 깜짝 놀랄 질문 폭탄을 주은이에게 터뜨렸다.

"주은이 너, 혹시 원호 좋아하는 거 아냐?"

주은이는 빨개진 볼로 애써 태연한 표정을 지으면서 어떻게 대답해야 좋을지 고민했다. 빛나라한테 거짓말을 할 수는 없었다. 주은이는 진실을 말하되, 전부 이야기하지는 않기로 마음먹었다.

"음, 그냥 친구로 좋아해."

빛나라와의 친구 사이도 지키면서 원호와의 비밀도 지킬 수 있는 대답이었다. 솔직한 대답에 빛나라는 주은이가 고맙게 느껴졌다. 곤란해하는 걸 알면서도 너무 궁금해서 캐물었는데 주은이가 꼬박꼬박 대답해 주어서 기분이 좋았다.

　"앞으로도 비밀 있으면 우리 꼭 말하자."

　빛나라가 주은이에게 미소 지으며 말했다.

　"그래, 약속!"

　주은이는와 빛나라는 사이좋게 손가락을 걸었다.

매너 있게 비밀 지키기 비법

1. 친구랑 비밀을 약속했을 땐 다른 친구에게 절대 말하지 않는다.
2. 비밀을 못 지킬 것 같으면 친구와 비밀을 약속하지 않는다.
3. 다른 친구가 비밀을 궁금해해도 말할 수 없는 이유를 설명하고 친구의 이해를 구한다.
4. 친구가 '비밀'이라고 하면 꼬치꼬치 캐묻지 않는다. 친구의 사생활을 지켜 준다.

매너 비법 ⑤
극장에서 예의 지키기

원호 할머니와 원호랑 극장에 온 주은이.
많은 사람들이 함께 영화를 보는
극장에서 주은이는 어떻게 하면
매너 있게 행동할 수 있을까?

전반전 이야기

오늘은 원호와 원호 할머니랑 극장 나들이가 있는 날! 주은이는 아침부터 들떠서 밥도 못 먹었다. 좋아하는 원호랑 재미있는 영화를 함께 볼 수 있다니, 생각만 해도 벌써부터 신이 났다.

"할머니, 이쪽이에요."

주은이는 영화표에 적힌 좌석을 찾아 자리에 앉았다.

'어휴, 원호랑 같이 앉고 싶은데…….'

자신의 옆자리에 할머니가 앉자 주은이는 실망해서 시무룩한 얼굴이 되었다.

'어? 주은이가 왜 표정이 안 좋지?'

원호는 고개를 갸웃거리다가 곧 눈치를 채고는 할머니를 불렀다.

"할머니, 저랑 자리 좀 바꿔 주세요."

"그래."

할머니는 순순히 자리를 바꾸어 주셨다. 원호가 옆자리로 오자, 주은이의 얼굴에 다시 환한 해바라기가 피었다.

"원호야, 시작한다."

"와, 기대된다."

영화의 타이틀이 올라가고 배역을 맡은 배우의 이름이 스크린에 하나둘씩 떴다.

아이들 영화라 그런지 할머니는 얼마 안 되어 고개를 꾸벅거리며 졸기 시작했다. 반면에 두 아이들의 눈은 마치 자기들이 영화 속 주인공이라도 된 양 반짝거렸다.

"와, 저것 봐! 완전 재밌지?"

주은이는 흥분을 감추지 못하며 발을 막 굴렀다. 주은이가 발을 구를 때마다 앞 의자의 등이 툭툭 차였다. 주은이 앞에 앉은 아가씨는 의자가 흔들릴 때마다 뒤를 돌아보았다.

"야, 가만히 좀 있어."

앞에 앉은 누나의 눈치를 보던 원호가 주은이의 팔을 잡아당기면서 작게 소곤거렸다.

"알았어."

주은이가 이번에는 팝콘을 먹기 시작했다. 아삭, 바사삭. 와그작와그작. 입안에서 팝콘이 씹히며 요란한 소리를 냈다. 주은이는 기분이 좋아서 팝콘을 먹으며 콧노래도 불렀다. 그러자 원호가 검지를 척, 세워 주은이 앞으로 내밀었다. 주은이는 내밀어진 검지를 갸웃하며 보았다.

'팝콘 하나만 달라는 소린가?'
"여기!"
팝콘을 집어서 원호에게 내밀었다.
"그게 아니라…… 쉿! 조용히 먹으라고."
"아!"
그제야 검지의 의미를 알아챈 주은이가 고개를 끄덕거렸다.
주은이는 한동안 얌전히 영화에 집중했다. 그런데 영화가 중반을 넘어서자 배에서 꼬르륵, 소리가 났다.
'배고프네. 아, 맞다. 가방에 햄버거 있었지?'
주은이는 가방을 부스럭거리며 열었다. 종이 포장을 벗기자 맛있는 햄버거 냄새가 코끝을 찔렀다.
'우아, 맛있겠다!'
주은이는 코를 킁킁거리다가 한입 크게 베어 먹었다. 그때 뒷줄에 앉아 있던 대학생 오빠 둘이 눈살을 찌푸렸다. 진한 햄버거 냄새에 코를 막으면서 주은이를 째려보았다.
"어휴, 또 뭘 먹나 봐."
"이번에는 햄버거 먹네."

67

뒤에서 들리는 짜증 섞인 속삭임에 원호는 눈치가 보여 한숨을 훅 내쉬었다.
　"야, 이따 먹어."
　"왜?"
　"제발."
　"싫어. 배고프단 말이야."
　주은이와 원호가 햄버거를 놓고 먹느니 마느니, 실랑이를 벌이자 주변에서 조용히 좀 하라는 불평이 쏟아졌다.

초등생활 매너백서 — 네 마음을 말해 줘 속마음 인터뷰

영화관에서 큰 소리로 웃더니 발로 앞사람 의자 뻥뻥 차고, 햄버거까지 먹어서 제가 얼마나 창피했는데요.

원호의 인터뷰

영화가 재미있어서 발을 구른 것뿐인데……. 왜 팝콘은 되는데 햄버거는 먹으면 안 되나요? 제가 잘못한 거예요?

주은이의 인터뷰

작전 타임! 우리들의 이야기

극장에 가서 매너 없이 음식을 먹은 주은이 때문에 화가 난 원호! 이럴 때는 어떻게 하는 것이 매너 있는 방법일까? 경기 양도초등학교 5학년 친구들이 주은이의 '고민 해결'을 위해 직접 나섰다!

경기 양도초등학교 5학년 친구들

수지의 매너 비법 : 미리 먹는다
배가 고플 것 같다면 극장 밖에서 음식을 미리 먹고 극장에 들어간다.

준영이의 매너 비법 : 참는다
두 시간 정도는 배가 고파도 참을 수 있으니까, 참고 영화를 본다.

세빈이의 매너 비법 : 깨끗이
음식을 깨끗하게 먹을 수 있도록 미리 준비해 와서 먹는다.

정호의 매너 비법 : 조용히
먹어도 소리가 크게 나지 않는 음식을 가져가서 조용히 먹는다.

친구들의 매너 비법 중 내가 고른 건 바로 "미리 먹는다"

네 생각은 어때? 주은이에게 조언해 봐!

후반전 이야기

그로부터 며칠 후, 공짜 영화표가 생긴 주은이는 원호와 원호 할머니를 초대했다.

'이번엔 실수하지 말아야지!'

지난번에 매너 없이 굴어서 원호는 물론 주변 사람들에게 폐를 끼친 일이 생각나 마음을 단단히 먹었다. 극장에 들어가기 전, 주은이는 할머니의 소매를 슬그머니 잡았다.

"할머니, 제가 지난번에 배가 고파 영화관에서 냄새나는 햄버거도 먹고 팝콘도 막 시끄럽게 먹어서 사람들이 싫어했어요. 그래서요, 영화 볼 때 집중할 수 있게 미리 간식을 먹고 가는 게 어때요?"

"그거 좋은 생각이네!"

할머니는 흔쾌히 고개를 끄덕거렸다.

세 사람은 극장 근처에서 맛있는 쿠키와 음료수를 먹으며 이런저런 얘기를 하다가 할머니가 주은이에게 물었다.

"그런데 주은아, 어떻게 밖에서 먹고 들어가는 걸 생각했니?"

"주변 사람들한테 피해를 주지 않으려면 어떻게 하는 게 좋을까 생각했어요. 지난번 일은 제가 배고파서 생긴 일이잖아요. 그래서 최대한 배가 고프지 않게 미리 먹고 들어가면 되겠구나 하고 생각했어요."

"그래, 기특하네. 생각 잘했구나."

　할머니는 주은이를 귀엽게 바라보았다. 그러고는 시간을 확인했다.

"다 먹었니? 곧 영화가 시작할 시간인데 이만 갈까?"

"네!"

　주은이는 일어나 의자를 정리하고는 할머니를 따라 나갔다. 그러곤 원호에게 작게 속닥거렸다.

"맛있었지?"

"응."

식사를 미리 한 덕분에 세 사람은 편안하게 영화를 볼 수 있었다.

원호는 주은이가 냄새나는 음식도 안 먹고, 팝콘도 부스럭거리며 먹지 않아서 다른 사람 눈총을 받을 일이 없으니 특히 더 좋았다. 다른 사람들이 주은이를 안 좋게 생각하면 원호는 마음이 불편했다.

주은이는 주은이대로 원호가 시시콜콜하게 하지 말라면서 주의를 주지 않으니까 싸울 일이 없어서 좋았다. 매너 있게 영화를 보니 모두가 행복한 영화 감상 시간이었다.

 **매너 있게 극장을 이용하는 비법**

1. 공연이나 영화를 볼 때는 휴대 전화의 전원을 끈다.
2. 영화를 보는 중에는 옆 친구와 떠들지 않는다.
3. 중간에 화장실을 가면 다른 사람들에게 방해가 될 수 있으니 미리 화장실에 다녀온다.
4. 발로 앞 좌석을 툭툭 차지 않는다.
5. 냄새나는 음식은 피하고, 쩝쩝 부스럭부스럭 소리 내어 먹지 않는다.

매너 비법 ❻
식사할 때 예의 지키기

원호 할머니, 원호와 소풍을 간 주은이.
할머니가 준비하신 도시락을 맛있게
먹기 시작하는데…….
어른과의 식사에서 주은이는 어떻게 하면
예의 있게 행동할 수 있을까?

전반전 이야기

싱그러운 풀 냄새가 기분 좋게 코끝에서 느껴졌다. 원호랑 원호 할머니와 함께 주은이는 공원 나들이를 나왔다. 세 사람은 잔디밭 위에 돗자리를 깔고 앉아 도란도란 즐겁게 이야기를 나누었다.

"얘들아, 배고프지? 할머니가 도시락을 싸 왔는데 궁금하지 않니?"

"네! 궁금해요!"

주은이와 원호는 약속이나 한 듯 대답했다. 할머니가 한쪽에 놓아둔 삼단 찬합을 가져오자 둘이서 입으로 '두구두구두구!'를 반복하며 개봉 박두를 알리는 북소리를 냈다.

"자!"

할머니가 마침내 뚜껑을 열었다. 그러자 맨 윗칸에 맛있는 김밥이, 두 번째 칸엔 샌드위치가, 세 번째 칸에는 바나나와 과일이 먹음직스럽게 담겨 있었다.

"와, 할머니! 저는 김밥이 제일 맛있을 것 같아요."

"전 다 맛있을 것 같아요."

주은이와 원호가 침을 꿀꺽 삼키며 말했다. 주은이는 물통 뚜껑을 열어 컵에 물을 따른 다음 공손히 할머니에게 내밀었다.

"할머니 물 드세요."

할머니는 물을 마시고는 주은이와 원호를 흐뭇하게 바라보며 말했다.

"많이 먹으렴. 주은아, 왜 안 먹니? 얼른 먹어."

젓가락만 든 채 가만있는 주은이에게 할머니가 말했다.

"에이, 할머니가 먼저 드셔야지 제가 먹죠."

"어휴, 예의 바르기도 하지."

할머니는 기특하다는 듯 주은이의 머리를 쓰다듬고는 젓가락을 들었다. 할머니가 김밥을 드시자 주은이도 김밥을 집어서 입으로 가져갔다.

원호는 넋을 놓고 주은이를 바라보았다. 오늘따라 주은이가 더 예뻐 보였다. 하얀 피부, 윤기 있는 긴 머리카락, 쏟아질 것 같은 커다란 눈에 매너 있는 모습까지!

주은이가 마치 동화 속 공주님 같았다. 원호의 두 눈에 커다랗게 하트가 떠 있었다.
"원호야, 안 먹고 뭐하니?"
"아, 네. 먹을게요."
할머니 말씀에 그제야 원호가 정신을 차리고 음식을 먹기 시작했다. 주은이랑 함께 있는 게 좋아서 원호는 저도 모르게 웃음을 지었다.
음식은 금세 바닥을 드러냈다. 할머니는 귀여운 손주들이 먹는 것만 봐도 배부른지 연신 흐뭇한 표정을 지었다.
"잘 먹었습니다. 엄청 배불러요, 할머니."
맛있게 먹은 주은이가 배를 두드리며 말했다.
"자, 이것 좀 더 먹으렴."

할머니는 구운 달걀의 껍데기를 벗겨 내밀었다. 주은이는 손을 내저었다.

"괜찮아요."

"한 입만 먹어 봐."

"아니에요."

"밥솥에 구워서 찜질방 계란처럼 맛있을 거야. 응?"

"아니에요. 저 배불러요."

"그러지 말고……."

할머니는 주은이의 입에 계란을 가져다 대며 말했다.

주은이는 배부른데 할머니가 자꾸 먹어 보라고 하니까 짜증이 났다. 그래서 저도 모르게 버럭 소리를 질렀다.

"아, 좀! 그만 먹는다니까요!"

할머니는 화들짝 놀랐다. 주은이가 예뻐서 한 입이라도 더 먹이려는 거였는데 벌컥 화를 내자 속이 상했다. 할머니는 민망한 얼굴로 계란을 든 손을 슬그머니 내려뜨리며 한숨을 훅 내쉬었다.

속마음 인터뷰
네 마음을 말해 줘
초등생활 매너백서

예쁘고 기특해서 한 입 더 먹으라고 권했는데 그렇게 짜증을 내니 너무 섭섭했어요.

원호 할머니의 인터뷰

배가 부른데 할머니가 자꾸 한 입만 더 먹으라고 하시니……. 그럴 땐 어떻게 해야 할지 몰랐어요.

주은이의 인터뷰

작전 타임! 우리들의 이야기

배가 불러 음식을 거절한 주은이와 그런 주은이가 서운한 원호 할머니. 이럴 땐 어떻게 해야 할까? 경기 양도초등학교 5학년 친구들이 주은이의 '고민 해결'을 위해 직접 나섰다!

경기 양도초등학교 5학년 친구들

수지의 매너 비법 : 할머니께
우리에게 맛있는 것을 주시는 할머니께도 음식을 권해 드린다.

준엽이의 매너 비법 : 정중히 거절
왜 먹을 수 없는지를 설명하며 정중하게 거절한다.

세빈이의 매너 비법 : 원호에게
할머니께서 음식을 권하시면 받아서 원호와 함께 나눠 먹는다.

정호의 매너 비법 : 다 먹는다
어른이 주시는 것이니까 다 먹는다.

네 생각은 어때? 주은이에게 조언해 봐!

후반전 이야기

며칠 뒤, 주은이는 원호 할머니와 함께 식사할 기회가 생겼다.

'좋았어, 오늘은 친구들이 알려 준 매너 비법을 꼭 써 봐야지!'

주은이는 굳게 다짐했다. 식판에 밥을 받아 자리에 앉자 할머니는 주은이랑 원호를 뿌듯한 눈길로 바라보았다.

"원호야, 두부 좀 먹어 봐. 자, 주은이도."

할머니는 두부를 집어 원호와 주은이의 식판 위에 각각 올려 주었다.

"고맙습니다, 할머니."

주은이는 '다 먹기' 비법을 사용해 할머니가 주신 두부를 얌전히 받아먹었다. 잘 먹는 주은이를 보자 할머니는 흐뭇해하면서 이번엔 동태전을 집어 건넸다.

"이것도 먹으렴."

"할머니도 드세요. 전 먹고 있어요."

"괜찮아. 주은이 많이 먹어."

"할머니, 그럼 우리 반반씩 먹어요."

주은이는 이번엔 '할머니께' 비법을 사용해 받은 전을 나눠서 할머니에게 가져갔다. 그러나 할머니는 고개를 저었다.

"아니, 주은이 먹으렴. 할머니는 이걸로 충분해."

할머니는 끊임없이 주은이와 원호에게 음식을 나눠 주셨다. 할머니가 김 두 장을 또 건네자 주은이는 받아다가 밥을 맛있게 쌌다. 그러고는 할머니에게 다정하게 내밀었다.

"할머니, 제가 김밥 쌌는데 드셔 보세요."

"아냐. 괜찮아."

"아니에요. 드셔 보세요, 아."

주은이가 입을 '아' 하고 벌리며 귀엽게 말하자 할머니는 빙긋 웃었다.

"그럼, 한입 먹어 볼까?"

할머니는 주은이가 싼 김밥을 맛있게 먹었다. 작전, 성공!

주은이는 자신이 드린 음식을 할머니가 맛있게 드시자 마음이 뿌듯했다. 왠지 할머니가 자꾸 음식을 권하는 이유를 알 것만 같았다.

그리고 '다 먹기'와 '할머니께' 두 매너 비법을 사용해 보니까, 거절할 때 정색하면 상대의 마음을 상하게 할 수 있으니 살살 풀어서 말하는 게 서로 기분 좋다는 걸 깨달았다. 한마디 말이 상대를 기쁘게도 화나게도 한다는 사실을 되새기며 주은이는 앞으로도 이 두 매너 비법을 적절히 써야겠다고 생각했다.

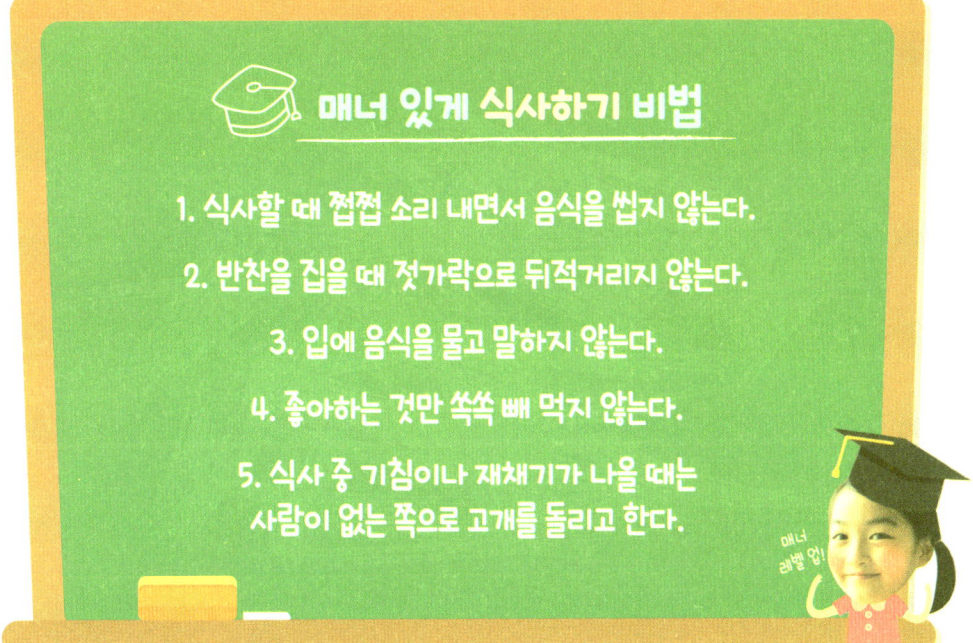

매너 비법 ❼
위로하기

속상해 보이는 주은이를 위로해 주려던 친구들,
하지만 주은이는 버럭 화를 내는데…….
어떻게 하면 마음이 상한 친구를
잘 위로할 수 있을까?

전반전 이야기

점심 시간, 원호와 친구들은 운동장에서 신나게 피구를 하고 있었다. 높이 던진 공이 쌔앵 아래로 떨어졌다.

"앗! 원호야, 조심해!"

장현이가 소리쳤지만 원호는 퍽, 소리가 나도록 공에 세게 얻어맞고 말았다. 그 충격으로 원호가 엉덩방아를 찧으며 넘어졌다.

"괜찮니?"

눈앞에서 별이 핑핑 도는 가운데 고운 목소리가 들려왔다. 원호가 올려다보자 뽀얀 얼굴에 긴 생머리의 여자아이가 원호를 걱정스럽게 바라보고 있었다. 눈이 쏟아질 것처럼 크고 예쁜 아이였다.

"아, 괜찮아."

"자, 내 손 잡고 일어나."

여자애는 다정한 미소를 지으며 원호에게 손을 내밀었다. 얼굴처럼 마음도 예쁜 매너 소녀였다. 원호는 조심스레 내민 손을 잡았다.

"고마워."

원호는 저도 모르게 미소를 지었다.

'아, 그 애다!'

방과 후. 학교 현관 앞에서 신발을 갈아 신던 원호는 눈을 반짝거렸다.

　낮에 원호를 도와주었던 매너 소녀가 앞에 걸어가고 있었다. 원호는 부리나케 신발을 주머니에 넣고 여자애에게 달려갔다.
　"안녕. 집에 가?"
　"안녕. 난 조수지고, 5학년이야. 얼마 전에 전학 왔어."
　"난 지원호. 4학년이야. 그거 무겁지? 내가 들어 줄게."
　원호는 수지가 들고 있는 커다란 가방을 보고 손을 내밀었다.
　"고마워."
　수지는 예쁘게 웃으며 대답했다.
　"전학 왔다면 이 동네에 대해 모르는 게 많겠다. 궁금한 건 뭐든지 물어봐. 내가 알려 줄게."
　원호는 친절하게 말했다. 수지는 고개를 끄덕거렸다.

애기를 나누면서 나란히 걸어가는 둘은 무척 다정해 보였다.

뒤에서 둘의 뒷모습을 가만히 지켜보던 주은이는 속이 상해서 한숨을 푹 내쉬었다. 예쁘게 생긴 여자애가 원호랑 있는 것도 속상한데, 원호가 유난히 친절한 것 같아 질투가 났다.

"주은아, 왜 그래?"

빛나라가 다가와 물었다.

"아무것도 아니야."

"왜 그래? 말해 봐."

"말하기 싫어. 나 혼자 있고 싶어."

주은이는 쌜쭉한 표정으로 퉁명스럽게 대답했다. 그때 장현이와 인율이가 다가오더니 어깨가 축 늘어진 주은이를 보고 빛나라에게 물었다.

"왜 그래?"

빛나라는 고개를 저으면서 '나도 몰라.' 하고 입만 벙긋거렸다.

"아, 아까 원호랑 예쁜 여자애랑 걸어가던데 혹시 그것 때문이야?"

장현이가 뭔가 알겠다는 표정으로 넌지시 물었다. 그러자 인율이가 장현이의 옆구리를 쿡 찔렀다.

"주은아, 정말 그래? 맞아? 그것 때문에 이러는 거야?"

장현이의 말에 빛나라가 추궁하듯 계속 물어보자 주은이는 짜증이 났다. 원호가 예쁜 여자애랑 둘이서만 가 버린 것도 속상해 죽겠는데 친구들이 자꾸 캐묻기까지 하니 화가 불끈 났다.
　"아, 진짜! 그만 좀 물어보라고!"
　주은이가 소리를 버럭 지르자, 빛나라는 당혹스러워 시무룩해졌다. 장현이와 인율이도 깜짝 놀라 주은이의 눈치를 슬근슬근 보았다.
　주은이는 친구들에게 소리를 지른 게 미안하면서도 눈치 없는 친구들에게 짜증이 나, 쿵쿵 화난 발걸음으로 그 자리를 떠났다.

초등생활 매너백서 — 네 마음을 말해 줘
속마음 인터뷰

기분이 안 좋아 보여서 위로해 주려고 했는데 그런 제 마음도 몰라주고 화를 내니 속상해요.

나라의 인터뷰

혼자 있고 싶고, 말하기 싫을 때도 있잖아요. 그런데 애들이 자꾸 찾아와서 꼬치꼬치 물으니 화가 났어요.

주은이의 인터뷰

작전 타임! 우리들의 이야기

다른 여자아이와 함께 있는 원호를 보고 마음이 단단히 상한 주은이를 위로해 주고 싶은 친구들! 이럴 땐 어떻게 해야 할까? 서울 성내초등학교 4학년 친구들이 아이들의 '고민 해결'을 위해 직접 나섰다!

서울 성내초등학교 4학년 친구들

김근우 / 김민주 / 정해찬 / 정예서

근우의 매너 비법 : 원인 분석

왜 슬픈지 원인을 같이 분석하면 기분이 나아지는 방법도 알 수 있을 것이다.

인주의 매너 비법 : 웃겨 준다

우울할 때 친구들이 웃겨 주면 좋지 않았던 마음이 쉽게 풀린다.

예서의 매너 비법 : 그랬구나

'그랬구나.'라는 말을 들으면 위로받는 기분이 든다.

해찬이의 매너 비법 : 안아 준다

포근한 마음으로 안아 주면, 좋은 기분은 더 좋아지고 나쁜 기분도 나아진다.

네 생각은 어때? 친구들에게 조언해 봐!

후반전 이야기

세 친구들은 주은이를 어떻게 위로할지 각자 고민하며 주은이에게 다가갔다. 주은이는 여전히 기분이 좋지 않은지 어두운 얼굴로 운동장 계단에 앉아 있었다.

"주은아, 아까 계속 물어봐서 미안해. 말하기 싫으면 말 안 해도 되고 네가 말하고 싶을 때 말해도 돼."

빛나라가 다정하게 말했다. 그때 장현이가 개미 한 마리를 손바닥 위에 올리며 주은이에게 불쑥 내밀었다.

"주은아, 이거 봐봐. 얘, 인율이 닮지 않았어? 야, 인율아! 너 왜 이렇게 작아졌어? 인율아, 여기 봐."

장현이는 생글생글 웃으며 제 손바닥 위의 개미를 주은이의 손으로 가져갔다. 재미있지는 않았지만, 장현이의 노력이 고마워서 주은이의 입가가 아주 조금 풀렸다.

그때 계속 고민하던 인율이가 조심스럽게 입을 열었다.

"그런데 왜 속상한지 말 안 하면 계속 기분이 나쁠 수도 있잖아. 그러니까 말하는 게 좋지 않을까?"

"하지만 나도 말하고 싶지 않은 비밀이 있을 수 있잖아."

여전히 속상한 마음이 남은 주은이가 대답했다. 한참 동안 주은이는 말이 없었다. 세 친구들은 인내심을 가지고 가만히 기다려 주었다.

"아까는 미안. 너희들이 자꾸 물어보니까, 어떻게 해야 할지 몰라서 나도 모르게 소리를 질러 버리고 말았어."

주은이가 머리를 긁적이며 친구들에게 사과했다.

"그랬구나."

빛나라는 주은이에게 눈을 맞추며 고개를 끄덕였다.

주은이는 빛나라의 어깨에 고개를 기댔다. 어느새 우울했던 기분이 많이 풀렸다. 처음에는 혼자 있고 싶었는데 친구들이 다가와 각자의 방식으로 위로해 주니까 속상한 마음이 사르르 녹는 것 같았다.

특히 빛나라가 '그랬구나.' 하면서 맞장구치며 고개를 끄덕여 주었을 때는 속마음을 이해받는 것 같아서 고마웠다.

"고마워, 얘들아."

환한 미소를 지으며 주은이가 말했다.

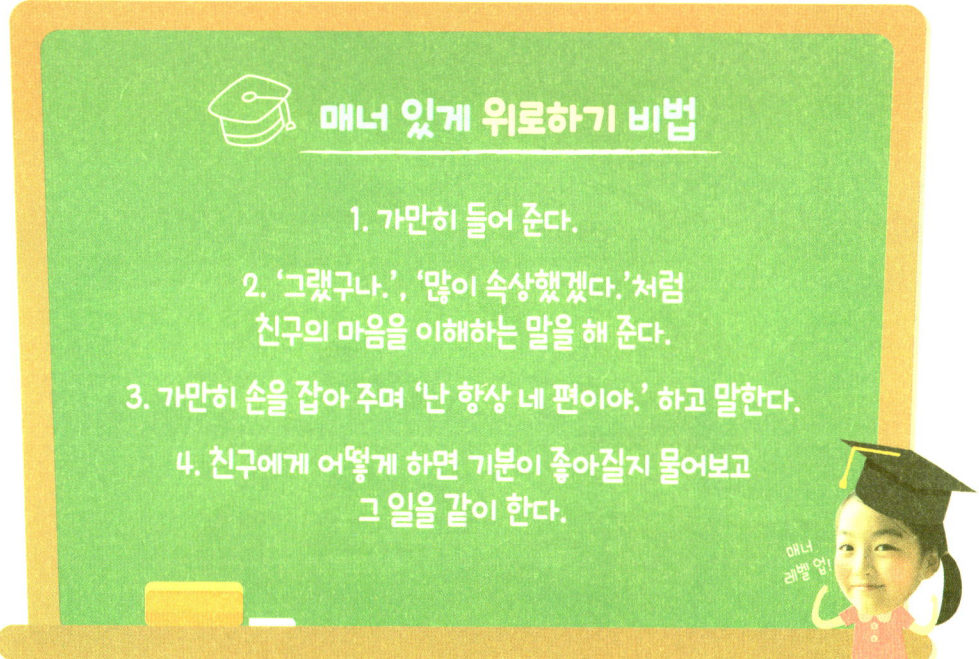

매너 비법 ⑧
거절하기

어느 날 주은이에게 도착한 의문의 편지!
주은이는 친구의 고백을
매너 있게 거절할 수 있을까?

전반전 이야기

 즐거운 점심시간, 주은이는 친구들과 운동장에서 재미있게 놀다가 먼저 교실로 돌아왔다.

 '어? 뭐지?'

 교실에는 주은이뿐이었는데, 주은이의 책상 위에 못 보던 편지 봉투 하나가 놓여 있었다. 주은이는 예쁜 편지 봉투를 들어 요리조리 살펴보았다. 봉투에는 '주은이에게'라고만 쓰여 있을 뿐 보낸 사람의 이름은 쓰여 있지 않았다. 호기심이 생긴 주은이는 편지를 찬찬히 살펴보려고 자리에 앉았다.

 "누가 보낸 거지?"

 주은이는 고개를 갸웃거리며 편지 봉투를 열었다.

주은이에게

주은아, 안녕? 나 인율이야.

난 착하고 매너 있는 네가 너무 좋아. 너랑 더 친해지고 싶어.

주은아, 내 고백을 받아 줄래?

편지는 바로 인율이의 고백 편지였다! 주은이는 얼굴을 찡그렸다. 관심 없는 친구가 고백을 하다니, 어떻게 해야 할지 난감했다.

'어쩌지?'

주은이는 부담감에 한숨을 훅 쉬었다.

한편, 인율이는 교실 밖에서 주은이가 편지를 열어 보는 걸 몰래 지켜보고 있었다. 인율이는 너무 떨려서 입술이 말라 왔다. 가슴속에서 작은 요정들이 쿵쿵 발을 구르는 것처럼 심장이 두근두근거렸다.

'주은이가 편지를 보고 어떤 표정을 지을까?'

너무 궁금했지만 교실 뒷문에서는 주은이의 얼굴이 보이지 않았다. 인율이는 심호흡을 하며 숨을 고르고 교실 안으로 들어갔다.

"주……은아. 이거 먹을래?"

떨리는 목소리를 겨우 숨기며 인율이가 주머니에서 막대 사탕을 꺼내 주은이에게 내밀었다.

'앗! 인율이잖아? 좀 어색한데…….'

방금 전, 고백 편지를 본 터라 주은이는 인율이와 단둘이 있는 게 부담스러웠다. 그래서 샐쭉한 표정으로 막대 사탕을 쳐다보기만 했다.

"나, 단것 싫어해."

"그럼 오늘 학교 끝나고 같이 놀래?"

"시간 없어."

인율이가 말을 꺼내기 무섭게 주은이는 차갑게 거절했다.

"나, 사실 너…… 좋아해. 고백…… 받아 줄래?"

인율이는 용기를 짜내어 말했다. 그 순간, 요정들이 인율이의 가슴속에서 커다란 북을 쳐 대며 난리법석을 떨었다. 주은이의 대답을 기다리는 동안, 인율이의 심장은 우주 밖으로 튀어나갈 것처럼 엄청난 기세로 쿵쾅쿵쾅거렸다.

그때 천천히 주은이의 입술이 열렸다. 인율이는 긴장해서 침을 꼴깍 삼켰다.

"싫어! 다신 이런 거 보내지 마."

주은이는 인율이에게 고백 편지를 툭 안기고는 교실을 쌩하니 나가 버렸다. 찬바람이 휙 하고 교실 안을 휩쓸었다.

홀로 남은 인율이는 매정한 가을바람에 낙엽이 맥없이 떨어지듯 고개를 푹 수그렸다.

'얼마나 힘들게 고백한 건데 주은이는 그 마음도 몰라주고!'

인율이는 속이 상해서 눈물이 나올 것만 같았다.

초등생활 매너백서 — 네 마음을 말해 줘 속마음 인터뷰

뭐든 열심히 하는 주은이가 좋아서 힘들게 고백한 건데 바로 거절당하니까 너무 속상했어요.

인율이의 인터뷰

저도 좋아하는 줄 알고 오해받는 것보다 단호하게 아니라고 말하는 게 좋을 것 같아서 그랬어요.

주은이의 인터뷰

작전 타임! 우리들의 이야기

인율이의 고백을 거절하고 싶은 주은이와 단호한 거절로 상처받은 인율이! 이럴 땐 어떻게 해야 할까? 서울 성내초등학교 4학년 친구들이 주은이의 '고민 해결'을 위해 직접 나섰다!

서울 성내초등학교 4학년 친구들

근우의 매너 비법 : 왜냐하면
왜 고백을 거절하는지 이유를 설명해 주면 마음이 덜 상할 것 같다.

민주의 매너 비법 : 친구로
나도 다른 친구를 좋아하고 있으니 친구로 지내자고 말한다.

예서의 매너 비법 : 칭찬
거절당하는 아이가 얼마나 좋은 점을 많이 가진 친구인지를 말해 준다.

해찬이의 매너 비법 : 쪽지
고백을 거절당하는 친구가 다른 친구에게 들키지 않도록 편지나 쪽지로 거절한다.

"친구들의 매너 비법 중 내가 고른 건 바로 "쪽지!""

쪽지

네 생각은 어때? 주은이에게 조언해 봐!

후반전 이야기

'어휴, 내가 너무 심했나 봐. 인율이가 많이 속상했겠지?'

주은이는 교실을 나올 때 인율이의 얼굴이 퍽 어두웠던 걸 떠올리며 안절부절못했다. 괜히 기대하지 않게 하려고 딱 잘라 말한 건데 인율이 표정을 보니 방법이 잘못된 것 같았다.

'어쩌지? 인율이한테 가서 다시 말할까? 아냐, 그랬다가 또 마음 상하는 말을 하게 되면…….'

곰곰이 생각하던 주은이는 인율이에게 편지를 쓰기로 마음먹었다. 문구점에 가서 예쁜 편지지를 사 온 주은이는 한 자 한 자 솔직한 마음을 적어 나갔다.

인율이에게.

인율아, 안녕. 아까 너에게 화내서 미안해.

네가 싫어서 그런 게 아니니 오해하지 말아 줘.

너는 정말 멋지고 좋은 아이야.

그래서 말인데, 우리 그냥 좋은 친구로 지내면 안 될까?

나는 너와 더 사이좋게 친한 친구로 지내면 좋겠어.

알겠지? 우리 앞으로도 지금처럼 좋은 친구가 되자, 안녕!

너의 좋은 친구 주은이가.

주은이는 인율이가 없는 틈에 인율이의 책상에 편지를 놓아두었다. 잠시 후 화장실에 다녀온 인율이가 편지를 집어 들었다.

편지를 차근차근 읽은 인율이는 이내 주위를 두리번거렸다. 그러다 교실 뒷문에서 고개를 쏙 내밀고 있는 주은이와 눈이 마주쳤다.

주은이가 긴장해서 침을 꿀꺽 삼키는데 인율이가 살짝 고개를 끄덕이더니 살며시 미소를 지어 주었다.

'다행이다! 마음이 풀렸나 봐.'

주은이는 안도의 숨을 내쉬었다.

사실 인율이는 아까 주은이가 화를 심하게 내서 마음이 좋지 않았다. 그런데 이렇게 정성스러운 편지로 속마음을 얘기해 주니까 기분이 풀렸다. 고백은 받아 주지 않았지만, 주은이가 친구로서 자신을 소중히 여기고 있다는 걸 알 수 있기 때문이었다.

'그래. 앞으로도 사이좋게 지내자.'

인율이는 편지를 가방에 집어넣으며 주은이에게 눈인사로 말했다.

매너 있게 거절하기 비법

1. 상대방의 마음을 생각해서 부드러운 말로 거절한다.
2. 말로 하기 어려울 때는 편지나 쪽지에 솔직한 마음을 쓴다.
3. 단둘이 있을 때 조심스럽게 말한다.
4. 말하기 어렵다고 두루뭉술하게 넘기지 않는다.
5. 거절당했다고 상대방을 미워하거나 꽁해 있지 않는다.

오해 풀기

매너 비법 ⑨

매너 소녀가 나타난 이후로 원호를 향한
주은이의 오해는 커져만 가는데…….
어떻게 하면 주은이와 원호는 오해를 풀고
다시 사이좋게 지낼 수 있을까?

전반전 이야기

방과 후, 주은이는 어깨가 축 처져서 혼자 집에 가고 있었다.

"원호랑 같이 집에 가고 싶었는데……."

주은이는 시무룩하게 중얼거렸다. 요 며칠, 원호와 통 얘기를 못하고 있었다. 오늘도 원호는 어느새 먼저 돌아가고 없었다.

'말도 없이 가 버리고. 원호는 마음이 변한 걸까. 설마…… 그 앨 좋아하게 된 건가?'

주은이는 얼마 전, 원호가 예쁜 여자애랑 다정히 얘기를 나누며 집으로 돌아가던 모습을 떠올렸다. 생각만으로도 가슴이 답답하고 기분이 좋지 않았다.

'어, 원호다!'

터덜터덜 놀이터를 지나가던 주은이는 원호를 보자 반가운 마음이 들었다. 원호는 벤치에서 친구와 이야기를 나누고 있었다.

'그래, 원호에게 그 여자애랑은 무슨 사이인지 직접 물어보자.'

주은이는 결심하며 벤치 쪽으로 다가갔다. 그런데 가까이 가자 기둥에 가려져 있던 친구의 모습이 보였다. 그 애였다! 며칠 전, 원호와 함께 가던 예쁜 여자애.

원호와 수지는 둘이서 즐겁게 가위바위보 놀이를 하고 있었다.

"안 내면 술래, 가위바위보! 하나 빼기."

"아, 또 졌네! 한 번만 봐줘."

"좋아!"

수지가 귀여운 목소리로 웃으면서 말하자 원호는 흔쾌히 고개를 끄덕거렸다. 그때 수지가 눈을 찌푸리며 눈꺼풀을 깜박거렸다.

"왜 그래?"

"눈에 뭐가 들어간 거 같아."

"어디 봐봐."

수지는 고개를 원호 쪽으로 내밀었다.

"내가 불어 줄까, 누나?"

"응."

원호는 후, 하고 바람을 불었다. 수지는 눈을 몇 번 더 깜박거리더니 맑게 웃었다.

"이제 괜찮아. 고마워, 원호야."

서로 좋아하는 사이처럼 다정한 둘을 보자 반가웠던 마음이 스르륵 사라졌다. 땅이 꺼져라 한숨을 내쉬면서 주은이는 발길을 돌렸다.

아까보다 어깨가 더 처진 채 느릿느릿 걷는데 뒤에서 원호가 부르는 소리가 들렸다.

"주은아, 여기서 뭐해?"

원호가 생글생글 웃으며 주은이에게 다가왔다. 그러나 주은이는 원호의 인사를 받을 기분이 전혀 아니었다.

"왜?"

주은이는 냉랭한 표정으로 퉁명스럽게 대답했다.

"왜라니? 난 너 보고 반가워서 그런 건데. 너 요즘 나한테 왜 그래?"

요즘 주은이가 부쩍 무뚝뚝하게 굴어서 원호는 무척 섭섭했다.

"내가 뭘?"

"지금도 툴툴대고 있잖아. 내가 뭘 잘못했니?"

"지원호, 너 나 좋아하는 거 맞니?"

별안간 주은이가 삐친 얼굴로 물었다.

원호는 어리둥절했다.

너 요즘 왜 그래?

뭐가?

"응? 그게 무슨 소리야?"

원호가 왜 그런 질문을 하는지 모르는 얼굴로 되묻자 주은이는 눈치 코치도 없는 원호가 원망스러웠다. 훅, 한숨만 나왔다.

"후, 아니야."

"왜 그래, 주은아?"

원호가 주은이의 팔을 붙잡고 물었다. 순간, 주은이는 짜증이 울컥 치밀었다. 그 여자애랑 방금 전까지 다정하게 얘기해 놓고는 왜 기분이 안 좋은지도 몰라? 정말 날 좋아하는 거 맞아?

"아니야, 아니라고!"

주은이는 저도 모르게 화가 치솟아 벌컥 소리를 지르고 말았다.

초등생활 매너백서 - 네 마음을 말해 줘
속마음 인터뷰

저는 잘못한 게 없는데 주은이가 저한테 왜 그러는지 모르겠어요.

원호의 인터뷰

그 언니하고 원호가 서로 좋아하는 게 분명해요. 원호 마음이 변한 것 같아서 못되게 굴었어요. 저도 속상했다고요.

주은이의 인터뷰

작전 타임! 우리들의 이야기

원호가 다른 사람을 좋아하는 것 같아 마음이 상한 주은이와 주은이의 마음을 몰라 답답한 원호! 이럴 땐 어떻게 해야 할까? 서울 성내초등학교 4학년 친구들이 주은이의 '고민 해결'을 위해 직접 나섰다!

서울 성내초등학교 4학년 친구들

근우의 매너 비법 : 다른 쪽으로 생각한다

원호의 행동을 오해하지 말고 은혜를 갚는 거라고 좋은 쪽으로 생각한다.

민주의 매너 비법 : 바로 물어본다

오해하지 말고 궁금한 것이 생기면 바로 물어본다.

예서의 매너 비법 : 자세히 대답한다

지금 무엇 때문에 화가 났는지 이유를 자세히 설명한다.

해찬이의 매너 비법 : 원호가 행복하기를 바란다

원호가 기쁘고 행복하면 좋다는 생각으로 원호를 좋아하면 오해가 생기지 않을 것이다.

네 생각은 어때? 주은이에게 조언해 봐!

후반전 이야기

'어휴, 차분하게 설명하면 좋았을걸. 왜 또 화를 냈지?'

주은이는 마음이 착잡했다. 이 일로 원호가 정말 실망해서 사이가 멀어지면 어쩌나 걱정도 되었다. 이래저래 한숨만 푹푹 쉬고 있는데 원호가 슬그머니 다가왔다.

"주은아, 아직도 화났어?"

원호는 주은이의 안색을 조심스레 살폈다. 주은이는 원호가 먼저 말을 걸어 주어서 다행이다 싶었다.

'이번엔 절대 화내지 말고 내 마음을 자세히 말하자. 그러면 원호도 알아주겠지.'

주은이는 결심하고 입을 열었다.

"내 생각에는…… 원호 네가 그 언니를 좋아하는 거 같아. 요즘 내가 너랑 놀려고 하면 넌 그 언니랑 놀고 있고, 또 같이 집에 가려 하면 넌 그 언니랑 먼저 가 버리고. 거기다 그 언니 가방도 들어 주니까…… 난 네가 나한테 신경 안 쓰는 것 같아서 좀 속상했어."

주은이는 또박또박 솔직한 마음을 얘기했다.

원호는 가만 듣고 있으려니 주은이에게 미안해졌다. 정말 주은이가 오해할 만도 했다.

"그때 가방 들어 준 건 무거워 보여서 그런 거야. 그리고 그 누나랑 진짜 아무 사이 아니야."

"정말?"

"응."

"알았어. 이제부터는 속상한 일 있으면 너한테 말할 테니까 너도 나 좀 신경 써 줘."

"그럴게."

"약속."

주은이는 한결 마음이 가벼워져서 새끼손가락을 내밀었다.

'휴, 다행이다.'

속으로 안심하며 원호는 손가락을 마주 걸었다. 주은이가 솔직하게 자신의 마음을 차분차분 설명해 주어 원호도 바로 사과할 수 있어서 좋았다. 생각보다 오해가 빨리 풀렸다. 서로 마음만 연다면 오해는 쉽게 풀어지는 것 같다.

"근데 원호야, 아까 그 언니랑은 진짜 아무 사이도 아니지?"

"그럼. 아무 사이도 아니야."

"그래도 앞으로 눈은 붙여 주면 안 돼! 알겠지?"

"응, 알았어."

둘은 마주 보며 싱긋 웃었다.

매너 있게 오해 풀기 비법

1. 친구의 설명을 다 듣기 전에는 먼저 화를 내지 않는다.

2. 어떤 부분이 속상한지 조곤조곤 자세히 설명한다.

3. 설명할 때에는 추궁하듯이 친구를 몰아가지 않는다.

4. 친구가 오해한 부분이 있으면 그 부분을 충분히 설명하고 이해를 구한다.

5. 서로 오해한 부분은 사과하고 다음부터 그러지 않겠다고 약속한다.

매너 비법 ⑩
학교에서 커플 매너 지키기

오해를 풀고 4학년 공식 커플이 된 주은이와 원호. 하지만 주은이와 원호의 행동에 친구들의 기분이 상했는데……. 어떻게 하면 학교에서 커플 매너를 잘 지킬 수 있을까?

전반전 이야기

쉬는 시간, 주은이는 운동장 계단에 앉아 친구들과 재미나게 수다를 떨고 있었다.

"너희 뭐해?"

때마침 원호가 다가와 물었다.

"우리 그냥 얘기하고 있었어."

장현이가 대답했다. 원호는 주은이를 보더니 환하게 웃으면서 두 귀를 장난스럽게 잡아당겼다. 그러자 주은이도 함박웃음을 지으며 양 귀를 손으로 잡아당겨 보였다. '반가워!'라는 둘만의 비밀 인사였다.

"뭐야?"

빛나라가 둘을 이상하다는 눈초리로 번갈아 쳐다보며 물었다.

"비밀이야."

주은이가 생긋 웃으며 대답했다. 공식 커플이 된 후, 주은이와 원호에겐 둘만의 법칙이 생겼다. 첫 번째는 '둘만 아는 비밀 암호가 있다!'.

비밀은 강아지풀로 코를 간질이는 것처럼 헤실헤실 웃음이 나오게 했다.

4학년 공식 커플 주은이와 원호만의 법칙
1. 둘만 아는 비밀 암호가 있다!

주은이와 원호만의 커플 법칙
2. 때로는 손도 잡는다!

그때, 수업 시작을 알리는 종소리가 들려왔다. 아이들은 종소리에 탁구공이 튀듯 발딱 일어나 교실로 뛰어갔다. 주은이는 두리번거리며 줄넘기 줄을 챙겼다. 그러자 원호가 다가와 손을 내밀었다.

"늦었다! 주은아, 빨리 가자."

"응."

둘만의 법칙 두 번째, '때로는 손도 잡는다!'. 주은이는 고개를 끄덕이며 원호의 손을 잡고 같이 뛰기 시작했다. 다정하게 손을 잡고 뛰는 둘을 보며 친구들은 어이없다는 표정으로 머리를 설레설레 저었다.

"쟤네, 좀 너무한 거 아니니?"

"그러게. 일단 우리도 빨리 가자."

방과 후, 아이들은 놀이터에 모였다. 빙 둘러서서 뭘 하고 놀지로 의견이 분분했다.

"뭐할까? 얼음땡 할래?"

"그건 어제 했잖아."

"그럼 우리 편 갈라서 경찰과 도둑 놀이 하자."

빛나라가 제안했다.

"그래, 그거 하자. 재밌겠다."

효진이가 맞장구를 쳤다. 아이들은 모두 좋다고 고개를 끄덕거렸다. 그러자 주은이는 원호에게 눈짓을 보내며 '알지?' 하고 입을 벙긋댔다. 원호도 '알아!' 하고 소리 없이 말하며 눈빛을 교환했다.

원호와 주은이의 법칙 세 번째, '늘 붙어 다닌다!'. 둘은 같은 편이 되려고 서로 사인을 주고받은 거였다.

"엎어라, 뒤집어라!"

아이들이 편 가르기 구호를 외치며 손을 내밀었다. 주은이는 손등을 내면서 원호에게 신호를 보냈고, 원호는 주은이가 내는 걸 가만 지켜본 후 조금 늦게 손등을 내밀었다. 원하는 대로 둘은 같은 편이 되었다.

"아싸!"

"오예!"

둘은 팔짝팔짝 뛰며 눈에 띄게 좋아했다.

내내 붙어 다니는 것도 모자라 놀이에서까지 같은 편이 되려고 수를 쓰다니, 친구들은 원호와 주은이가 못마땅했다.

"야, 너네 뭐야?"

장현이가 불만스럽게 둘을 보며 말했다. 인율이도 마땅찮은 얼굴로 주은이와 원호를 보았다.

"정말, 쟤네 왜 저래?"

"그러니까! 좀 심하다."

효진이와 빛나라가 속닥거렸다.

'왜들 그러지?'

친구들의 눈총에 주은이와 원호는 같은 편이 됐다는 기쁨도 잠시, 어색하게 멈칫거렸다.

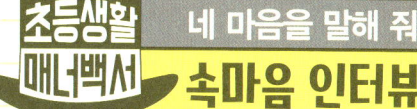

속마음 인터뷰
네 마음을 말해 줘

"놀 때도 계속 같은 편이 되려는 건 좀 아닌 것 같아요."

"여기는 학교잖아요. 사귀는 사이여도 너무 붙어 다니는 건 보기 안 좋아요."

효진이와 장현이의 인터뷰

"주은이는 특별한 친구잖아요. 다 함께 잘 놀려면 어떻게 해야 하죠?"

원호의 인터뷰

작전 타임! 우리들의 이야기

공식 커플이 된 주은이와 원호, 그리고 그런 둘의 행동이 좀 지나치다고 생각하는 친구들! 이럴 땐 어떻게 해야 할까? 서울 성내초등학교 4학년 친구들이 주은이와 원호의 '고민 해결'을 위해 직접 나섰다!

서울 성내초등학교 4학년 친구들

근우의 매너 비법 : 진짜 암호
진짜 모를 만한 암호를 만들어서 쓴다.
예 사랑해 ⇨ 해랑사

민주의 매너 비법 : 몰래 만난다
친구들이 보면 눈살을 찌푸릴 행동을 할 수 있으니 둘이 몰래 만난다.

예서의 매너 비법 : 친구들의 허락
친구들에게 어떤 행동이 괜찮을지를 물어보고 허락받는다.

해찬이의 매너 비법 : 이유
둘이 애정 어린(?) 행동을 할 수밖에 없는 이유를 잘 설명한다.

네 생각은 어때? 주은이와 원호에게 조언해 봐!

후반전 이야기

"어휴, 애들이 자꾸 이상하게 쳐다보니까 싫다. 원호야, 어쩌지?"

주은이가 한숨을 쉬며 말했다. 원호랑 특별한 친구로 지내는 건 좋지만 친구들의 눈총을 받는 건 기분이 좋지 않았다.

"우리, 진짜 암호를 만들까?"

원호가 말했다.

"우리 둘만 알아볼 수 있는 암호 말이야."

"좋아!"

주은이는 '암호'란 말에 눈을 반짝였다. 진짜 암호가 생기면 친구들도 눈치를 못 챌 테니 마음에 쏙 들었다. 원호와 주은이는 사이좋게 의논하며 암호를 정했다.

방과 후, 아이들은 운동장에서 피구를 하고 있었다. 공격수인 주은이는 공을 잡고 상대 팀을 바라보았다. 상대 팀 공격수는 원호만 남아 있었다. 주은이는 원호에게 힘내라고 말하고 싶은데 편이 다르니까 말할 수가 없었다.

'아! 암호가 있었지!'

어제 원호랑 둘이 정한 암호를 떠올리며 주은이가 생긋 웃었다. 주은이는 공을 던지기 전에 손을 들어 머리를 긁적였다. 그러자 원호도 마주 머리를 긁적거렸다. 이건 '힘내!'라는 암호였다.

신나게 피구를 하면서 둘은 종종 서로가 보이면 머리를 긁적거렸다. 친구들한테 들키지 않고 서로를 응원하는 건 달달한 초콜릿을 나눠 먹는 것처럼 달콤했다.
　피구가 끝나고 자리를 정리하면서 주은이가 원호를 향해 눈을 감았다 떴다 하면서 빠르게 두 번 깜박거렸다.
　'이따 끝나고 같이 놀자.'
　'그래, 이따 끝나고 같이 놀자!'
　원호도 역시 눈을 두 번 깜박거리며 둘만의 암호로 대답했다. 암호를 주고받으니 애들한테 피해를 주지 않고 얘기를 나눌 수 있어서 좋았다. 게다가 비밀 암호는 친구들도 별로 신경을 안 쓰니 재미있고 편했다.
　"야, 너희들 눈 깜박거리는 거 완전 티 나. 근데 그 정도 티 나는 건 괜찮은 것 같아."
　장현이가 장난스럽게 웃으며 말했다.

"응. 어젠 너무 많이 커플 티를 내서 좀 그랬는데, 지금은 조심하는 것 같아서 괜찮아."

빛나라와 효진이도 이구동성으로 말했다. 진짜 암호 작전은 그야말로 대성공이었다!

둘 사이를 인정해 주는 친구들의 말에 원호와 주은이는 서로를 마주 보며 기분 좋게 키득거렸다. 그러고는 더 많은 비밀 암호를 사이좋게 정했다.

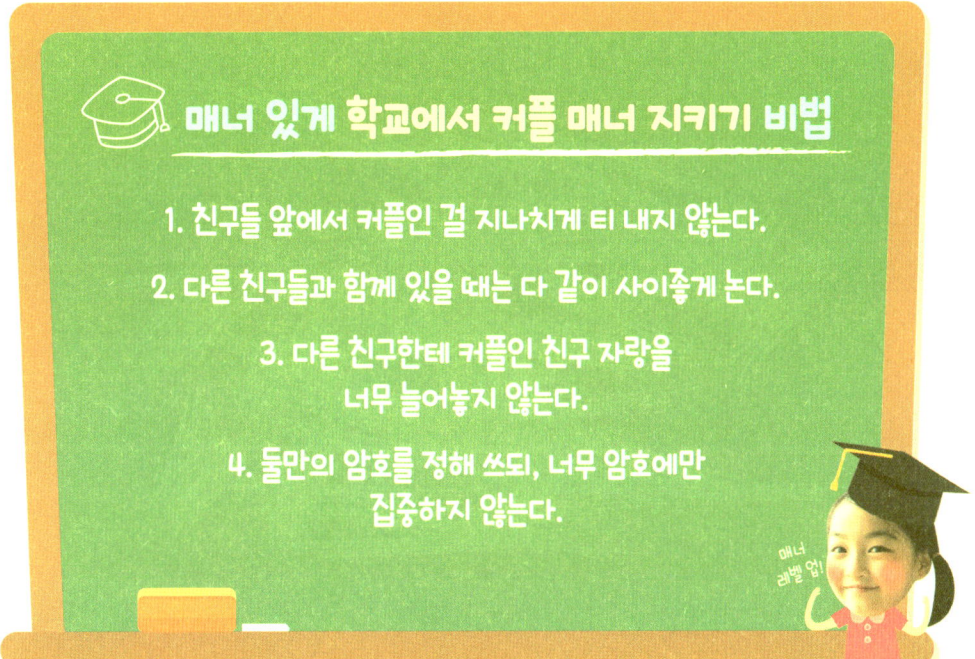

매너 있게 학교에서 커플 매너 지키기 비법

1. 친구들 앞에서 커플인 걸 지나치게 티 내지 않는다.
2. 다른 친구들과 함께 있을 때는 다 같이 사이좋게 논다.
3. 다른 친구한테 커플인 친구 자랑을 너무 늘어놓지 않는다.
4. 둘만의 암호를 정해 쓰되, 너무 암호에만 집중하지 않는다.

매너 비법 ⑪
형제끼리 예의 지키기

원호네 집에 놀러 온 주은이에게
원호 동생은 뭔가를 폭로하려고 하는데…….
과연 원호는 동생과 주은이와
사이좋게 놀 수 있을까?

전반전 이야기

토요일 오후, 원호는 방에서 컴퓨터 게임을 하다가 힐긋 뒤를 돌아보았다. 동생 연아가 아이스크림을 먹으며 책을 읽고 있었다. 원호의 눈빛이 순간, 장난기로 가득 찼다.

'어디 한번 놀려 볼까?'

"연아야, 나 한 입만."

원호는 자리에서 일어나 동생의 손에서 아이스크림을 낚아챘다. 그러고는 한 입, 두 입…… 입을 크게 벌려 아이스크림을 와구와구 베어 먹었다.

"아, 진짜! 그렇게 많이 먹으면 어떡해?"

연아는 줄어드는 아이스크림이 아까워 안절부절못하며 소리쳤다.

"벌써 먹은 걸 어쩌라고."

원호가 콩알만큼 남은 아이스크림을 돌려주며 얄밉게 놀렸다. 연아는 씩씩거렸다.

"엄마한테 이를 거야!"

"미안, 미안. 우리 같이 게임할까?"

"게임? 좋아."

오빠가 같이 놀자는 소리에 연아는 토라진 게 금세 풀렸다.

연아가 자리에 앉아 먼저 게임을 시작했다. 1분도 안 돼 원호는 아이템을 쓰라거나, 여기선 점프를 해야 한다면서 이래라저래라 잔소리를 시작했다. 급기야 연아를 밀치더니 키보드를 잡았다.

"야, 나와 봐. 이렇게 해야지."
"어휴. 내가 하고 있잖아!"

연아는 원호를 흘겨보며 볼을 부풀렸다. 원호는 듣는 둥 마는 둥 게임에만 빠져 있었다. 연아는 화가 나 원호를 밀었다.

"비켜!"
"아, 왜 그래?"

원호는 키보드에서 손을 놓지 않은 채 말했다. 오빠가 꿈쩍도 않자 연아는 거실을 향해 소리쳤다.

"엄마, 오빠가 나 괴롭혀."
"잠깐만! 저기 뭐지?"

별안간 원호가 천장을 가리켰다. 연아가 원호의 손가락을 따라 눈길을 옮기자, 원호는 재빨리 게임을 했다. 연아는 칫, 입술을 비쭉였다.

"안녕하세요. 원호 방에 있어요?"

그때 밖에서 주은이의 목소리가 들리더니, 곧 방으로 들어왔다.

"원호야. 어? 연아도 있었네."

"주은아, 어서 와."

여태껏 얄밉게 굴던 원호가 별안간 천사 같은 미소를 지으며 의젓하게 말했다.

'와, 방금 전까지 날 괴롭히던 오빠가 갑자기 왜 저러지?'

연아는 눈을 동그랗게 떴다.

"게임하고 있었네? 나도 해도 돼?"

"그래. 주은이, 너 먼저 해."

연아한테는 절대 키보드를 넘겨주지 않던 원호가 순순히 자리에서 일어나 양보했다. 그리고는 주은이가 게임하는 걸 옆에서 지켜보며 상냥하게 이런저런 조언을 해 주었다.

"지금 먹어. 응, 그렇게. 와, 잘하는데!"

원호는 칭찬까지 해 가며 주은이를 북돋워 주었다. 가만 지켜보던 연아는 어이가 없었다. 자신이 게임할 때는 그것도 못하냐고 면박 주기 일쑤에다 키보드까지 빼앗아 가던 오빠가 지금은 순한 양처럼 구니까 화가 났다.

'쳇, 이중인격자! 주은 언니한테 다 일러 줄 거야.'

"주은 언니, 우리 오빠 말이야……."

연아가 의미심장한 표정으로 주은이를 나직이 불렀다. 그러자 원호가 획 뒤를 돌아보았다.

'아, 안 돼!'

원호는 독수리가 날개를 펼치고 먹이에게 달려들듯 연아에게 달려가 잽싸게 입을 틀어막았다. 원호와 연아는 '말할래!', '안 돼!' 하면서 한참을 옥신각신했다.

'대체 왜 그러지?'

주은이는 둘을 보면서 고개를 갸웃했다.

속마음 인터뷰
네 마음을 말해 줘

가족한테 제일 잘해야 하는 거 아니에요? 오빠는 집에서는 '매너 꽝'이에요. 밖에서는 '매너남'이라는데.

연아의 인터뷰

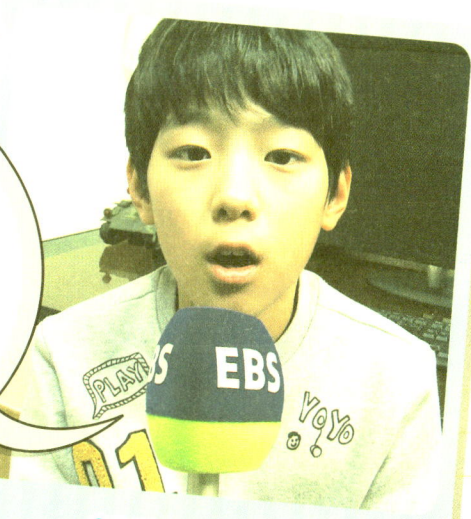

동생이니까 편하게 장난도 치는 건데, 그걸 주은이한테 나쁘게 이야기하려고 하다니 너무해요.

원호의 인터뷰

작전 타임! 우리들의 이야기

집에서는 매너 꽝인 오빠 때문에 속이 상한 연아와 가족끼리는 편할 수 있다고 생각하는 원호. 이럴 땐 어떻게 해야 할까? 서울 성내초등학교 4학년 친구들이 원호 남매의 '고민 해결'을 위해 직접 나섰다!

서울 성내초등학교 4학년 친구들

근우의 매너 비법 : 반대로

입장을 바꿔서 상대방의 입장에서 생각하고 행동한다.

민주의 매너 비법 : 남처럼

친구를 대할 때처럼 언니나 동생을 대하면 매너 있게 대할 수 있다.

예서의 매너 비법 : 양보

혼자 다 하려고 하면 동생이 싫어하니까 최소한은 양보를 하려고 노력한다.

해찬이의 매너 비법 : 먼저

동생에게 뭐든 먼저 하게 해 준다.
'역지사지'라는 속담을 생각하고 행동한다.

네 생각은 어때? 원호에게 조언해 봐!

후반전 이야기

'내가 연아에게 좀 심했나?'

하긴 남에게는 신경 써서 잘해 주는데, 정작 동생한테는 가족이라고 너무 편하게 대한 것 같았다. 원호는 친구를 대할 때처럼 연아를 대하기로 결심했다.

"주은아, 아까 연아는 게임을 못했거든. 연아가 먼저 해도 될까?"

원호는 삐쳐 있는 연아를 힐끔 보며 주은이에게 말했다.

"그래, 연아 먼저 해."

주은이는 흔쾌히 자리를 연아에게 양보했다. 뾰로통했던 연아는 금세 얼굴이 환해져서 컴퓨터 앞에 앉았다.

"나 근데 이 게임 어떻게 하는지 잘 몰라."

"괜찮아. 내가 알려 줄게. 이게 방향키야."

주은이가 상냥하게 키보드 자판을 가리키며 말했다.

"이건 폭탄 설치."

원호도 다정하게 연아에게 아이템 사용법을 알려 주었다. 곧 게임이 시작되었다. 연아 딴에는 열심히 했지만 1분도 못 가 게임이 끝나 버리고 말았다.

"아, 죽었다……."

언니 오빠가 기껏 열심히 가르쳐 주었는데 제대로 시작해 보기도 전에 게임 오버가 되자 연아는 민망한 표정을 지었다.

"괜찮아, 다시 하면 되지."

원호가 연아의 어깨를 토닥이며 말했다.

다른 때 같으면 이것도 못하냐고 연아를 타박했을 텐데, 지금은 마냥 친절했다.

"자, 먹으면서 해."

원호는 책상 서랍에서 과자를 꺼내 주은이와 연아에게 나눠 주었다. 연아는 깜짝 놀랐다. 욕심쟁이 오빠가 양보도 해 주고, 과자도 나눠 주니까 마치 딴사람 같았다. 아까 주은 언니한테 일러바치려고 했던 게 조금 미안해졌다.

'나도 앞으로는 말이랑 행동이랑 조심해야지.'

연아는 다짐하면서 과자를 받아 입안에 넣었다. 오빠가 준 과자라 그런지 다른 때보다 꿀맛 같았다.

"고마워, 오빠."

연아가 원호를 보며 기분 좋게 상긋 웃었다.

"뭘, 이런 거 갖고. 연아야, 앞으론 사이좋게 지내자."

"응."

셋은 번갈아 가면서 즐겁게 게임을 하며 놀았다.

매너 비법 ⑫
선거에서 예의 지키기

5학년이 된 주은이와 원호.
새로운 반의 반장을 뽑는 선거에서
후보들의 싸움이 벌어지는데……. 어떻게 하면
선거에서 예의를 지킬 수 있을까?

전반전 이야기

봄 방학이 지나고 주은이와 원호는 5학년이 되었다. 봄바람이 싱그러운 3월의 어느 날, 5학년 3반에서는 새 학기를 맞아 반장 선거가 한창 진행 중이었다.

"자, 다들 주목! 오늘은 한 학기를 이끌어 갈 반장을 뽑는 날이에요. 반장 후보로는 1번 오빛나라, 2번 서장현, 3번 강주은, 4번 지원호. 이렇게 네 친구가 나왔어요. 그러면 각 후보들의 공약을 들어 볼까요? 먼저 1번 오빛나라부터."

선생님이 후보들을 소개하며 한쪽으로 물러났다. 교실 앞쪽에 나란히 서 있던 네 명의 아이들 중 빛나라가 총채와 쓰레받기를 가지고 앞으로 나왔다.

"안녕하세요. 제가 반장이 되면 깨끗한 교실을 만들겠습니다. 청소 당번을 늘려서 함께 사용하는 교실을 늘 깨끗하게 만들어 여러분이 쾌적하게 지낼 수 있도록 하겠습니다."

빛나라가 아이들에게 공약을 말하고는 뒤로 물러났다. 그러자 기호 2번인 장현이가 손에 햄버거를 들고 앞으로 나왔다.

"제가 반장이 되면 맛있는 반을 만들도록 하겠습니다."

장현이가 싱글싱글 웃으며 말하자 아이들은 저마다 고개를 갸웃거렸다. '무슨 소리야?' 하고 수군대는 모습도 보였다.

장현이는 의도한 대로 친구들이 궁금해하자 회심의 미소를 지었다.

"급식 시간에 밥, 국, 김치 대신에 햄버거와 피자가 나오는 반을 만들도록 하겠습니다."

장현이가 자신만만한 얼굴로 손에 들고 있던 햄버거를 앞으로 내밀며 큰소리를 빵빵 쳤다.

"우아!"

그 말에 모두가 책상을 두드리며 환호했다. 장현이는 마치 이미 반장에 뽑힌 것처럼 아이들을 보며 의기양양한 표정을 지었다. 뒤에서 가만 듣고 있던 빛나라는 반 친구들이 장현이에게 뜨겁게 호응하자 안절부절못했다. 발등에 불이 떨어진 양, 앞으로 달려 나간 빛나라는 장현이를 어깨로 툭 밀쳤다.

"여러분! 서장현이 반장이 되면 큰일 납니다. 패스트푸드만 먹으면 건강에 해롭잖아요. 깨끗한 반을 만들려는 저를 뽑아 주세요."

빛나라가 아이들에게 간절히 호소했다.

빛나라에게 밀쳐진 장현이는 짜증이 났다. 그래서 '눈에는 눈, 이에는 이'라는 말대로 빛나라를 손으로 밀어냈다.

"아니, 청소 당번을 늘리다니요? 오빛나라가 반장이 되면 우리는 매일 청소만 할지도 모릅니다. 학교는 친구들과 놀고 공부를 하러 오는 곳이지, 청소를 하러 오는 곳은 아닙니다."

"잠깐만요. 저의 의견을 무시하는 후보는 자격이 없다고 생각합니다. 서장현은 제 의견을 무시했어요!"

빛나라가 또다시 끼어들며 말했다.

"야, 뭐냐? 매너 없게!"

장현이는 화가 나서 빛나라를 어깨로 세게 밀었다.

"하지 마."

빛나라가 밀리지 않으려고 버티며 말했다.

"왜? 네가 먼저 그랬잖아."

"하지 말라고!"

"너야말로 하지 마."

둘은 공약을 설명하다 말고 티격태격 다투기 시작했다.

뒤에서 순서를 기다리고 있던 주은이와 원호는 두 친구들의 싸움에 입을 멍하니 벌렸고, 자리에 앉아 있던 아이들도 갑작스러운 상황에 놀라 눈을 둥그렇게 떴다.

"오빛나라, 서장현! 둘 다 그만!"

선생님이 둘 사이로 끼어들며 소리쳤다. 하지만 여전히 둘은 서로를 째려보며 씩씩거렸다.

"먼저 매너 없게 군 사람이 누군데?"

"그러는 넌 얼마나 매너 있다고!"

둘은 조금도 지지 않은 채 서로를 잡아먹을 듯 으르렁거렸다.

속마음 인터뷰

네 마음을 말해 줘

선거는 경쟁이잖아요. 무조건 이겨야 한다고 봐요. 상대방 후보를 흉볼 수도 있고요.

장현이의 인터뷰

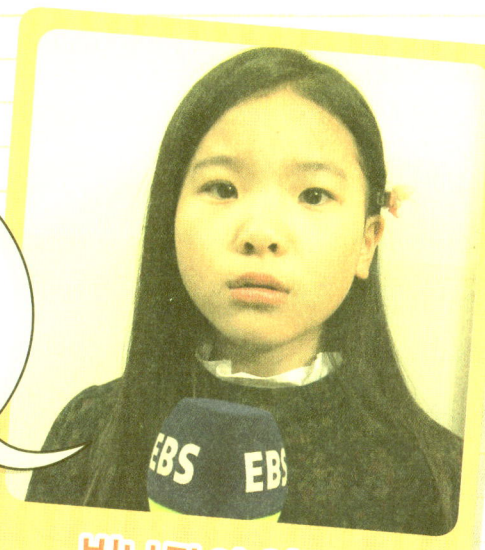

장현이가 먼저 제 의견을 무시했어요. 어떻게든 꼭 이기고 싶어요.

빛나라의 인터뷰

작전 타임! 우리들의 이야기

새 학년 첫 반장 선거에서 어떻게든 꼭 이기고 싶어서 싸움을 한 아이들. 이럴 땐 어떻게 해야 할까? 서울 성내초등학교 4학년 친구들이 반장 후보들의 '고민 해결'을 위해 직접 나섰다!

서울 성내초등학교 4학년 친구들

근우의 매너 비법 : 겸손

친구들이나 상대편 후보에게 겸손하게 행동하면 싸울 일이 없다.

민주의 매너 비법 : 지킬 수 있는

지킬 수 있는 공약만 해야 믿음이 가니까 허황된 공약을 하지 않는다.

예서의 매너 비법 : 존중

상대를 존중하며 헐뜯지 않으면 자신도 피해 입지 않는다.

해찬이의 매너 비법 : 친구들이 원하는 것

친구들이 원하는 것을 조사한 설문지를 바탕으로 공약을 발표한다.

네 생각은 어때? 빛나라와 장현이에게 조언해 봐!

후반전 이야기

반장이 되고 싶은 욕심에 친구들 앞에서 싸운 빛나라와 장현이는 마음이 진정되자 아옹다옹 다툰 게 부끄러웠다.

"우리 이번엔 매너를 지켜서 정정당당하게 친구들의 선택을 받자."

"좋아, 그러자."

둘은 서로 화해하고 교실로 돌아갔다. 선생님이 반갑게 둘을 맞았다. 곧 공약 발표가 다시 시작되었다. 기호 1번 빛나라가 앞으로 나섰다.

"안녕하세요. 저는 반장이 된다면 깨끗한 반을 만들도록 하겠습니다. 자기 자리는 모두가 깨끗하게 치울 수 있는 깔끔한 반이 되도록 열심히 노력하겠습니다."

빛나라는 친구들이 알려 준 매너 비법 중 '지킬 수 있는 공약'에 맞추어 공약을 수정했다.

"안녕하세요. 서장현입니다. 먼저 한 가지 묻겠습니다. 여러분이 원하는 반은 무엇입니까?"

장현이가 꾸벅 인사하며 묻자, 아이들의 의견이 쏟아져 나왔다.

"싸움이 많이 일어나지 않는 반이요."

"항상 즐겁게 지낼 수 있는 반이면 좋겠어요."

장현이는 가만 듣고 있다가 고개를 끄덕거렸다.

"저는 여러분이 방금 말한 대로 싸우지 않고 항상 즐겁게 지낼 수 있는 반을 만들어 가겠습니다. 그러니 저를 꼭 뽑아 주세요."

장현이가 공약을 마치자 드디어 주은이 차례가 되었다. 원호는 주은이에게 머리를 긁적여 보이며 '힘내!' 하고 비밀 암호를 보냈다.

주은이는 고개를 끄덕이고는 아이들을 향해 인사했다.

"안녕하세요, 강주은입니다. 저는 우리 반을 대표하는 매너 소녀로서 우리 반을 매너 있는 반, 험담 없는 반으로 만들겠습니다."

주은이의 공약이 끝나자 마지막으로 원호 차례였다. 원호는 신호등처럼 멈출 줄 알고 이끌 줄도 아는 반장이 되겠다고 약속했다.

드디어 후보자들의 발표가 모두 끝나고 투표 시간이 되었다. 아이들은 투표용지에 반장의 이름을 적고 투표함에 넣었다.

잠시 후, 개표가 시작되었다.

"오빛나라 2표, 서장현 2표, 강주은 8표, 지원호 6표. 치열한 접전 끝에 2표 차이로 강주은이 우리 반 반장이 되었습니다."

선생님의 선언에 아이들이 모두 박수를 쳤다. 빛나라도, 장현이도, 아쉽게 떨어진 원호도 한결같이 주은이를 축하해 주었다.

"저를 뽑아 주셔서 정말 감사합니다. 공약대로 저는 우리 반을 매너 있는 반으로 만들어 나가겠습니다. 앞으로 멋진 5학년 3반이 되리라 기대합니다."

주은이는 생긋 웃으며 아이들에게 반장이 된 소감을 이야기했다.

매너 있게 선거에서 예의 지키기 비법

1. 상대 후보의 공약을 비난하거나 무시하지 않는다.
2. 상대 후보를 다른 친구들에게 험담하지 않는다.
3. 친구가 공약을 발표할 때는 귀 기울여 듣는다.
4. 정정당당하게 선거에 임하고 결과에 깨끗이 승복한다.
5. 선거에서 지더라도 뽑힌 후보에게 축하의 인사를 건넬 줄 아는 매너를 지킨다.

매너 레벨 업!

매너 비법 ⑬
매너백서, 마지막 이야기

초등생활 매너백서의 마지막 이야기!
친구들의 매너 비법으로 매너 소녀가 된 주은이,
주은이를 통해 학교에는 어떤 변화가 생겼을까?
그리고 작전 타임 친구들이 말하는 매너란?

마지막 이야기

매너 소녀 주은이가 반장이 된 이후 5학년 3반에 변화의 바람이 불어왔다. 아이들의 생활 속에서 매너가 자리 잡기 시작한 것이다.

첫 번째로 화장실 매너! 전에 인율이는 배가 아파서 급하게 화장실을 찾았다. 마침 누가 들어가 있어서 발을 동동거리며 기다리는데 5분이 넘도록 안에 있는 친구가 나오지 않았다.

"멀었어? 나, 급한데 빨리 좀 나와. 제발!"

얼굴이 하얗게 질려서 인율이가 배를 움켜잡으며 노크하자 한참 만에 장현이가 만화책을 보면서 나왔다.

"뭐야? 너, 만화책 보고 있었어?"

인율이는 기가 막혔지만 볼일이 급해서 허겁지겁 안으로 들어갔다. 그런데 장현이는 심지어 물도 내리지 않고 나온 것이다!

"아, 더러워!"

"미안! 내가 만화책을 보다가 물 내리는 걸 깜박했네."

장현이가 머리를 긁적였다.

전에는 장현이처럼 화장실에서 뒷사람을 배려하지 않은 채 다른 일을 하며 시간을 오래 끌거나, 물을 내리지 않는 비매너를 흔히 볼 수 있었다. 하지만 지금은 반 친구들 모두가 뒷사람을 배려해서 친구들이 모두 상쾌하게 화장실을 이용할 수 있게 되었다.

　이뿐만이 아니다. 새 학기가 시작하고 얼마 되지 않았을 때에는 아이들이 수업 시간에 딴짓을 하기 일쑤였다. 선생님이 칠판에 필기를 하려고 잠깐 등만 돌리면 어떤 아이는 짝꿍과 속닥속닥 수다를 떨고, 어떤 아이는 책상에 엎드려 쿨쿨 자고 또 어떤 아이는 앞자리 친구의 등을 쿡쿡 찌르며 장난을 쳤다.

　웅성웅성 수업 분위기가 흐트러질 때마다 선생님은 속이 상해서 필기를 하다 말고 아이들을 돌아보며 한숨을 쉬곤 했다. 그러나 지금은 모두가 수업 시간 매너를 익혀서 교실에서도 예의를 지키게 되었다.

　수업 시간엔 다들 초롱초롱한 눈으로 선생님 얘기에 집중했고 할 말이 있으면 손을 들어 선생님의 허락을 받았다. 다른 친구에게 방해되지

않게 수업 중에 잡담하는 일도 없었다. 덕분에 모두가 즐겁게 수업을 할 수 있었고, 선생님 얼굴엔 항상 뿌듯한 미소가 가득했다.

그리고 매너가 가장 많이 변화시킨 것은 바로 친구들 사이의 관계였다. 예전엔 친구들끼리 놀 때 '내 거야!', '내가 먼저야!'란 말만 오가는 일이 많았다.

"애들아, 이거 하자."

"아니, 이제 질리지도 않아? 그거 말고 공기 하자. 요즘엔 공기가 대세야!"

"뭔 소리야. 이게 더 재밌지."

아이들은 툭하면 자기 맘대로 하려고 고집을 부렸다. 그리다가 다툼

으로 번지거나 누구 하나가 삐쳐서 사이가 틀어지는 일도 잦았다. 그러나 주은이 덕분에 친구 사이에도 매너 있는 말이 필요하다는 걸 잘 알게 되었다.

"이제 뭐하고 놀까?"

"승빈아, 네가 가져온 게임 하고 싶은 거 같은데 그거 하자."

"아니야. 너 하고 싶은 거 해."

"나는 괜찮으니까 너희 하고 싶은 거 말해 봐."

양보하고 배려하는 '괜찮아.', '고마워.'가 아이들 입에 약속이나 한 듯 붙어서 5학년 3반에는 항상 매너 있는 말들이 흘러넘쳤다.

"우리 친하게 지내자."

"너는 최고야."

"난 네가 참 좋아."

"미안해. 내가 잘못했어."

예쁜 말 덕분에 교실 안은 우정과 사랑으로 언제나 화기애애했다. 이처럼 매너는 친구와 친구 사이를 깊게 이어 주고 우정을 돈독하게 키워 주었다.

"주은아, 이제 가는 거니? 같이 가."

주은이가 운동장을 가로질러 가고 있는데 원호가 달려오며 나란히 섰다.

"요즘 반장으로 반 이끄는 거 힘들지 않아?"

"괜찮아. 다들 잘 따라 주잖아."

"힘든 일 있으면 언제든 말해. 내가 도와줄게."

"응. 고마워."

"네 덕분에 우리 반이 정말 매너 반이 된 거 같아. 멋지다, 강주은. 네가 내 특별한 친구라서 더 자랑스러워."

원호가 주은이에게 엄지를 치켜세우며 칭찬했다.

주은이는 볼이 발그레해졌다. 다른 누구보다 원호에게 칭찬을 받으니 가슴이 벅차오르는 기분이었다.
"주은아, 우리 앞으로도 오랫동안 특별한 친구가 되자."
"응, 그러자."
둘은 손을 꼭 잡고 사이좋게 걸었다.

주은이와 원호의 두근두근 첫사랑 이야기 끝!

작전 타임! 우리들의 이야기

주은이를 매너 소녀로 만들기 위해 그동안 열심히 고민하고 토론했던 작전 타임 친구들, 아직 못다 한 이야기가 남아 있다는데…….
서울 성내초등학교 4학년 친구들이 생각하는 매너란?

서울 성내초등학교 4학년 친구들

근우의 매너란? 기초 질서

안 지켜도 될 것 같지만 알고 보면
꼭 지켜야 하는 매너는 기초 질서다!

민주의 매너란? 존중과 배려

상대방을 존중하고 배려해 줘서
기분 상하지 않게 하는 것이 진짜 매너다.

예서의 매너란? 길

매너는 친구와 친구 사이를 돈독하게
연결해 주는 하나의 길이다.

해찬이의 매너란? 법

법을 어기면 처벌을 받듯이 매너를 어기면
다른 사람들의 눈총이라는 벌을 받게 된다.

주은이의 생생 매너 교실

작전 타임 친구들의 도움으로 매너 꽝에서 매너 소녀로 변신한 주은이!
곤란한 상황을 멋지게 해결해 준 작전 타임 친구들의 매너 비법은?

01. 호감 가는 친구에게 매너 있게 말을 걸려면 어떻게 해야 할까?
↳ 말을 걸기 전에 무슨 말을 하면 좋을지 한 번 더 생각해 보자!

02. 매너 있게 친구의 방을 구경하려면 어떻게 하지?
↳ 허락 없이 마음대로 방을 구경하지 말고, 궁금한 것이 있다면 친구에게 직접 물어봐!

03. 친구와 싸웠을 때, 매너 있게 화해하는 방법은 뭘까?
↳ 진짜 사과를 주면서 재미있게 사과하거나, 편지로 하고 싶은 말을 전해 봐!

04. 어떻게 하면 예의 있게 통화할 수 있을까?
↳ 전화로는 상대방을 볼 수 없으니까 우선 내가 누구인지를 꼭 밝히자!

05. 줄임말을 하나도 모르는 어른과 대화를 잘하는 방법은 무엇일까?
↳ 할머니, 할아버지께 줄임말 과외를 해 드리는 건 어떨까?

06. 매너 있게 문자 메시지 보내는 법을 알려 줘!
↳ 내용 없는 메시지 여러 개보다는 긴 메시지 하나가 더 매너 있어 보일 거야.

07. 쉬는 시간에 선생님께 매너 있게 질문하는 방법은 뭘까?
↳ 쉬는 시간마다 찾아가면 선생님이 곤란할 수 있으니, 한꺼번에 모아서 질문하자.

08. 학교 갈 때 옷 입는 문제로 엄마랑 다투지 않는 방법은?
↳ 윗옷은 엄마가 고르고, 아래옷은 내가 골라 보면 어떨까?

09. 친구의 허락을 받지 않고 온라인에 사진을 올렸을 때는 어떻게 하지?
↳ 사진을 바로 지운 다음, 친구에게 진심으로 사과하자!

10. 비밀 친구와의 약속도 지키고, 단짝 친구와의 우정도 지키려면 어떡하지?
↳ 사실을 말하되, 정확하게 모두 말하지는 않아도 돼.

11. 어른과 매너 있게 식사하는 방법은 무엇일까?
↳ 어른이 주신 것은 맛있게 먹고, 어른께도 맛있는 음식을 권해 드리자.

12. 어떻게 하면 마음이 상한 친구를 잘 위로할 수 있을까?
↳ 마음이 상한 원인을 분석해 주거나, 기분이 풀리도록 웃겨 주거나, '그랬구나.'라고 말하는 등 자신 있는 방법으로 친구의 마음을 달래 주자.

13. 친구의 고백을 매너 있게 거절하는 방법을 알려 줘!
↳ 다른 친구에게 들키지 않게 쪽지로 정중하게 거절하자.

14. 학교에서 커플 매너를 지키려면 어떻게 해야 할까?
↳ 친구들이 알 수 없는 둘만의 진짜 암호를 만들어서 써 봐.

15. 반장 선거에서 매너 있게 이기는 방법은 무엇일까?
↳ 친구들이 원하는 것을 물어보고, 지킬 수 있는 공약을 내세우면 돼.

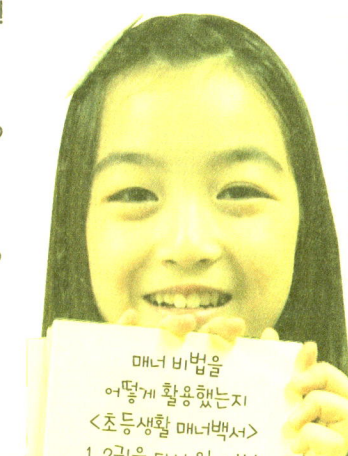

매너 비법을 어떻게 활용했는지 〈초등생활 매너백서〉 1, 2권을 다시 읽어 봐!

매너백서 제작 일기

촬영 전부터 다 함께 모여서
아이디어도 내고, 대본도 읽어요.

예쁘고 단정한 모습으로 보이도록
머리와 옷차림도 다듬어요.

주은이와 호흡을 맞췄던 강아지 달콩이도
명연기를 위해 불꽃 연습 중이에요.

물론! 중간중간 힘내기 위한
간식 시간도 있었답니다.

매너 토크 드라마 〈초등생활 매너백서〉는 어떻게 만들어졌을까요?
생생한 촬영장의 모습을 함께 들여다보아요.

촬영 시작! 재미있는 장면 뒤에는
이렇게 많은 사람들의 노력이 있었답니다.

야외 촬영은 신경 써야 할 것들이 더 많지요.
소리를 모으는 북슬북슬 마이크는 필수!

〈초등생활 매너백서〉를 만드는 동안 많은 친구들이 참여했어요.
보이는 곳에서, 안 보이는 곳에서도 여러 친구들이 함께였답니다.

사랑스러운 매너 소녀 주은이와
멋진 매너 소년 원호의
두근두근 매너백서 끝!